好习惯 好成绩

秦榆◎编著

图书在版编目（CIP）数据

好习惯，好成绩 / 秦榆编著. -北京：当代世界出版社，2006.7
ISBN 978-7-5090-0095-3

Ⅰ. 好… Ⅱ. 秦… Ⅲ. ①学习心理学 ②学习方法
Ⅳ. ①G442 ②G791

中国版本图书馆CIP数据核字（2006）第054039号

责任编辑：朱　磊

出版发行：当代世界出版社
地　　址：北京市复兴路4号（100860）
网　　址：http://www. worldpress. com. cn
编务电话：（010）83908400
发行电话：（010）83908400（传真）
（010）83908408
（010）83908409
经　　销：全国新华书店
印　　刷：天津冠豪恒胜业印刷有限公司
开　　本：710×1000毫米　1/16
印　　张：17.5
字　　数：196千字
版　　次：2006年7月第1版
印　　次：2020年4月第2次印刷
印　　数：1～5000册
书　　号：ISBN 978-7-5090-0095-3
定　　价：48.00元

前言

良好的习惯是人生成功的基础，因为习惯对于我们的生活有着极大影响。正是由于它的一惯性，在不知不觉中，习惯沉淀成了我们的性格，暴露出我们的本性，左右着我们的成败。

在当今社会里，竞争压力渗透至生活诸多层面，孩子们面临着学习和考试的压力，同时面临着家庭的压力，因为望子成龙，望女成凤是家长们最迫切的愿望。而孩子们首先要过的一关就是：考出好成绩，为将来作铺垫。

考出好成绩自然不是件容易的事，许多父母给孩子创造了很多良好条件，但是孩子学习成绩就是上不去。

事实上，无论是不知所措的家长，还是理论讲得头头是道的教育专家，都很难给出一个简单的短时策略去提高成绩。因为，我们一直面对的一个不可否认的事实就是：你的孩子是独特的，他是否具有符合他自己特点的好习惯，这直接影响了他的学习和成绩。

本书的编写者认为：孩子在学习成绩方面所表现的暂时性落后并不可怕，糟糕之处在于好习惯的缺乏导致他们的学习日益下降，最后丧失学习兴趣。表面上，每一种学习和成绩都与智力相关联，但实际上，成绩好坏往往与习惯的联系是最为紧密的，习惯造就品质，好的品质必定促进学习成绩的上升。

“冰冻三尺，非一日之寒”。好习惯的培养是一个缓慢的过程，孩子从小可塑性较强，家长不应忽视这些需要漫长形成却显得无形的好习惯的培养。本书用很多较为生动、发人深省的故事来论述良好习惯的培养的重要性，但愿你不要把这种方式看做是故弄玄虚，它的确能启发你并让你自省和思考，使你尽力去培养孩子的好习惯。

总之，我们认为理想的家庭教育不仅仅需要作为家长的你的诚心，更需要耐心和智慧，您培养孩子良好习惯的态度决定了孩子的成绩，决定着他们的未来。

但愿这本书可以为一直处于焦虑并在探索中的你支上几招，而且真心希望，你真去实践。

Contents

目录

第三章　不断自我完善是学有所成的保证

——订计划和自我完善学习习惯的培养

第四章　相信自己就一定能赢

——自信学习习惯的培养

第五章 充分而有效地利用课堂

——课堂学习习惯的培养

第六章 读万卷书，“写”万里“录”

——阅读写作学习习惯的培养

第七章 微笑是心灵结出的最美丽的花

——快乐学习习惯的培养

第八章 创造辉煌的人生

——主动学习习惯的培养

第一章

学而不思则罔，思而不学则殆

——良好思维学习习惯的培养

好习惯1. 孩子独立思考问题的好习惯

孩子在考试时面对试卷，不可能向任何人请教，只能独立思考问题。因此，要想让你的孩子取得好成绩，就必须在平时培养他独立思考问题的好习惯。

黄全愈博士讲过这样一个故事：

美国小学教师达琳在昆明进行教学交流时，因为看到中国孩子们的画技十分高，有一次就出了一个“快乐的节日”的命题，让中国孩子去画。结果，她发现很多孩子都在画同一样的东西——圣诞树！

她觉得十分奇怪：怎么大家都在画圣诞树？开始她想，可能是中国孩子很友好，想到她是美国人，就把“快乐的节日”画成圣诞节。接着她又发现不对：怎么大家画的圣诞树都是一模一样的呢？

结果她发现孩子们的视线都朝着一个方向去，她顺着孩子们的视线看去，发现墙上画着一棵圣诞树。

于是，达琳把墙上的圣诞树覆盖起来，要求孩子们自己创作一幅画来表现“快乐的节日”这个主题。

令她更感吃惊的是，把那墙上圣诞树覆盖起来以后，那群画技超群的孩子们竟然抓耳挠腮，咬笔头的咬笔头，瞪眼睛的瞪眼睛，你望我，我望你，就是无从下笔。

达琳不得不又把墙上那幅圣诞树揭开……

是的，达琳面对的这群小“绘画天才”，只能够模仿，不知道怎样创造，不会独立思考：“快乐的节日”应该是一幅什么样的画面？应该放上什么景物、什么人？如何安排画面的布局？

例子虽小，却十分有普遍性，指出了国内学生普遍存在的痼疾：不会独立思考！他们面对考试，总是尽可能多地做题，记住各种题型的解法和标准答案，而不是在用自己的脑子分析、思考。

独立思考的能力需要培养，它的成长需要土壤、水分和阳光。

在美国，小孩上绘画课，常常是老师给一个题目，让孩子们自己画，想怎么画就怎么画，爱怎么画就怎么画，老师一点不管。画完了老师就说——好哇！好哇！

古话说，“没有规矩不成方圆”，这些没有规矩的孩子到了大学又会是什么情形呢？

美国大学的VLSI设计课程上到深处，学生就可以做出实实在在的ASIC芯片，然后拿着自己的设计去硅谷或者别处工作面试，说：“这是我做的东西。”是的，大学生就可以开发设计自己的专利产品，用它来敲开微软公司的大门。

念到硕士博士，考核内容就更加“离谱”了。

美国教授一般会让自己的学生多参加研究工作，而不是做重复性项目。美国的博士生一般有一个资格考试，在硕士期将近结束时进行。考试时提出一个新兴课题，摆出方案，由五人评议小组审核课题的新颖程度、意义和方案可行性等。通过资格考试，你才可以在这个课题上开始你的论文研究。如果评议期间有人就同一课题发表了阶段性研究成果，你就必须修改课题甚至从头再来。

UCLA和加州理工学院的化学系博士资格考试有这么一项：几个教

授从某篇新发表的文章中提取课题，让博士生在两三天内提出解决方案，以此测验学生对前沿研究的敏锐程度。这种考试有时一个通过的也没有。

看出来了吧，博士生就应该挑战学术最前沿的尖端课题，读博士是为了踩在巨人的肩膀上，站得更高——这就是独立思考！

国内的中学学习很少有独立思考的机会，因此家长才应该千方百计为孩子创造独立思考的条件，培养孩子独立思考的能力。毕竟，在高考中，孩子是要自己独立面对的。

下面是家长指导孩子之法：

1. 让孩子用自己的话讲知识

家长可以让孩子用自己的话，把一段时期学到的知识讲出来。要求是越通俗越简单越好。把课本的话变成自己的话，就需要一个独立思考的过程，这个过程有助于加深孩子对知识的理解和掌握。

2. 让孩子对各种题型整理归纳

家长可以让孩子在做了一定题目的基础上，对题型分类整理，概括出每种题型的解题技巧和注意事项。通过这种独立的思考，孩子再见到类似题型，就可以按规律得出正确答案。

3. 陪孩子讨论难题，按思考的点打分

家长可以陪孩子一起讨论难题，孩子只要想出了一个角度或者一个步骤，都给加分。这样可以鼓励孩子从不同角度思考题目，明白只要多思考一点，就离成功近了一步。

4. 让孩子编题目考父母

家长可以让孩子根据所学知识，编题目来考父母。编题的过程，就是对所学知识深入思考的过程。当孩子能在题目中设置各种圈套，家长就有理由相信，这些圈套在考试中再也难不倒自己的孩子了。

5. 站在孩子一边

当孩子的独立思考不符合标准答案，被老师判为错误，父母应当站在孩子一边，大声夸奖孩子了不起，想得比老师都多。同时也要跟孩子讲清楚，我们既然要在考试中拿分，就得按照出题人的水平来做题。

6. 在生活中，允许孩子发表自己的真实看法

在生活中，当孩子对父母说出了真实看法，不管是错是对，首先都要鼓励孩子能独立思考。如果想法不对，父母可以以平等的态度提出自己的看法，由孩子来自行判断，切记不可把自己的想法强加给孩子。

好习惯2. 孩子善于发现问题的好习惯

海森堡说过，提出问题往往就等于解决了问题的大半。事实上，能提出问题，就说明学生在独立思考的过程中，找到了解决问题的关键和突破口。如果面对难题不知从何下手，就肯定无法给出正确答案。而如果能提出自己的问题，就等于是迈出了解题的第一步，只要继续往下走，就有机会把题目做对。

在1994年江苏省中等农业学校招生考试中，作文题目是这样的："1992年，中日两国草原探险夏令营中，日本孩子病了硬挺着走到底，中国孩子病了回大本营睡大觉；日本孩子家长走了，只给孩子留下鼓励，中国家长来了，在艰难的路段将孩子拉上小车；日本人说，中国的下一代不是他们的对手。夏令营成了两国下一代人的一次较量。"

这样的作文题说了这么多的话，而真正留给学生的想象空间并不大。作文的走向都已经在题目中预先设计好了，无非是说，中国的家长忽视了对下一代吃苦耐劳精神的培养，如果这样下去，我们的下一代将输在日本人手上……

只有一个学生对这篇作文题的比较方式产生疑问。他认为日本参加夏令营的同学和中国参加夏令营的同学，都不能代表全部。中国参加夏令营的往往是一些家庭条件较优越的城里孩子，如何能代表中国全部呢？该同学的答案超出预先设计好的走向，命运可想而知。

孩子病了是否该回大本营睡觉？倒有这样一件真事：某个学生是全县

统考第一名。有一次，学校组织马拉松长跑，恰好这时，他患了病毒性感冒。班主任要他带病坚持参加比赛，发扬“一不怕苦，二不怕死”的革命精神，为全校学生树一个榜样。就这样，他坚持跑完全程。可是5天后，这个品学兼优的同学就离开了人世。

像这样有漏洞的题目，可以说是屡见不鲜，因为语文有很大的模糊性，所谓标准化的试题其实并不标准。比如按标准化电脑评分：答案是惟妙惟肖，就不许答栩栩如生。令人遗憾的是，善于发现问题的孩子，却总是在成绩上受到惩罚，别的孩子看到了，就更加不敢有丝毫出格的想法。结果，只能培养出一批墨守成规的孩子。

孩子们都是在日常学习中被培养造就的。日常学习中，经常会遇到并不严谨的题目，如果提出了其中的问题，就不能得分。然而，高考的题目质量更高，更需要孩子积极地思考。如果以考大学作为学习的目的，孩子就必须养成善于发现问题的习惯。而且，从某种程度上讲，正因为大多数孩子不善于积极思考问题，因此，谁的思维更活跃、能发现别人看不到的问题，谁在高考中就更有优势。

为了拉开分数差距，高考出题往往都有相当的难度。既然知识点就那么多，出题不能超纲、超出所学范围，那么难点就只能在于，要在看似容易的地方设置障碍，你以为很容易，结果一做就错。可以说，在大多数学生面前，高考中的难题都是陌生的，需要独立思考，发现其中的问题，然后才能找到答案。此外，当一个孩子善于发现问题，不仅能靠难题拉分，在容易的题目上，思维也会更加敏捷，答题速度会更快，准确率会更高。

每个孩子都在题海中挣扎，学习的效果和考试的成绩，实际存在着非常大的随机性，取决于临场发挥的状态和对题目的熟悉程度。在这条路上和别的孩子竞争，按照目前高考的录取比例，成功的希望是很渺茫的。既然如此，还不如转而培养孩子独立思考、发现问题的能力，让孩子可以凭借自己的力量，面对各种各样的新问题，找到正确的答案。

下面是家长指导孩子之法：

1．多问孩子为什么

在学习上要多问孩子“为什么”，引导孩子思考知识的内在联系和前因后果，同时可以让孩子耳濡目染，渐渐养成爱思考、爱提问的习惯，更能够发现问题。

2．在家中设立发现奖

可以在家中设立发现奖，当孩子从教材上、辅导书上和试卷上发现值得疑问的地方，就给予奖励。这能鼓励孩子多思考，并为自己的发现高兴。当他遇到想不通的时候，就会试着采用不同的方法。

3．尊重孩子提出的每个问题

当孩子向父母提问，不管问题有多幼稚，都不可以粗暴地批评或者冷嘲热讽。尊重孩子提出的每个问题，就是尊重孩子的成长。

4．鼓励孩子多提问

当孩子提问，父母要立即给予鼓励，夸奖他肯动脑筋。这样，随着孩子提的问题越来越多，他的思考也会越来越全面，在考试中，也能发挥出更好的水平。

5．陪孩子一起找问题

对于孩子比较薄弱的科目，父母可以陪孩子一起学习，寻找其中的问题，留给孩子去找答案。当孩子能找到那些答案的时候，对知识的理解和掌握就有了很大的进步。同时，还能帮助孩子养成善于找问题的习惯。

6．在家里开展问题大赛

父母可以和孩子比赛，看谁在自己和别人身上，能找到更多的问题。通过这种游戏的形式，能够让孩子对找问题的过程充满兴趣，并渐渐养成习惯，这样对知识也就不会满足于一知半解。

好习惯3. 孩子善于分析问题的好习惯

研究任何过程，如果是存在着两个以上矛盾过程的话，就要设法找出它的主要矛盾，捉住了这个主要矛盾，一切问题就迎刃而解了。

分析问题是解决问题的前提。一个好的学生，总是能把一个难题分解为各个部分，找出其中的关联，然后逐一击破。然而，多年以来，我们的教育在这方面做得还很不够。不信的话，请比较中国的大学和美国的小学。

1. 中国的大学

邵健教授至今难忘他布置的一次期中考试——解读一首美国民歌《花儿到哪里去了》。它的内容大致如下："花儿到哪里去了／花儿被漂亮的姑娘们摘去了／漂亮的姑娘们到哪里去了／姑娘们被大兵带到军营里去了／军营里的大兵到哪里去了／大兵们到坟墓里去了／那些坟墓到哪里去了／坟墓上早就开满鲜花了。"

试卷收上来，结果他看到的不是一篇篇不同的文章，而几乎变成了同一篇文章。好像大家约好了似的，至少2／3的文章思路一致，语言相同。前者不外"爱国"，后者无非"献身"。在他看来，这首诗哪怕与什么都有关，就偏偏与爱国无关。为了强调爱国，一个女生在文中还这样写道：姑娘们到军营不是为了爱情。他在心里惊呼：天哪，不是为了爱情，又是为了什么？莫非把姑娘当作了慰安妇？多么可怕的爱国献身！在这样一首普通的民歌面前，学生们集体丧失了作为一个人的起码的感觉能力，甚至连对用词的感觉都那么麻木，例如“献身”。他真不知道使用这个词的女孩子到底懂不懂什么叫身体。作为个人的感官所在，包括那些私密感官，身体是可以像贡品一样，挂在嘴上献来献去的吗？

在课堂上，他对学生说：“在你们上学之前，你们反倒是一个个不同的人，而你们上学之后，却慢慢成了一个人，思维和语言都被导向一个方向。这不正常，很不正常！”

事后，他反思道：“中国教育缺乏一种对人的关怀，故而造成了对人的事实上的伤害。经由这种教育所形成的人，他们的思维是同一化的，感觉是同一化的，语言也是同一化的，在他们身上丧失了用自己的大脑来思维，来感觉，来说话的能力。”

2．美国的小学

美国的小学虽然没有在课堂上对孩子们进行大量的知识灌输，但是，他们想方设法把孩子的眼光引向校园外那个无边无际的知识的海洋，他们要让孩子知道，生活的一切时间和空间都是他们学习的课堂；他们没有让孩子们去死记硬背大量的公式和定理，但是，他们煞费苦心地告诉孩子们如何去思考问题，教给孩子们面对陌生领域寻找答案的方法；他们从不用考试把学生分成三六九等，而是竭尽全力去肯定孩子们的一切努力，去赞扬孩子们自己思考的一切结论，去保护和激励孩子们所有的创造欲望和尝试。

一位家长问儿子的老师：“你们怎么不让孩子们记一些重要的东西呢？”老师笑着说：“对人的创造能力来说，有两个东西比死记硬背更重要，一个是他要知道，到哪里去寻找他所需要的比他能够记忆的多得多的知识；再一个，是他综合使用这些知识进行新的创造的能力。死记硬背，既不会让一个人知识丰富，也不会让一个人变得聪明。这就是我的观点。”

两者相较，高下立判。其间的差别，恰恰在于用自己的头脑独立思考和分析问题的能力。养成分析问题的习惯后，不但可以轻松应对考试，还能受益终生。难道，这还不值得家长为之而努力吗？

下面是家长指导孩子之法：

1．鼓励孩子说出自己的理由

当孩子说出了任何观点，父母都应该继续追问他，为什么得出这样的结论。这个简单的提问，可以使孩子深入思考，养成分析问题的习惯。

2．引导孩子深入分析

在孩子陈述自己的理由时，父母可以继续深入追问，让孩子的思考渐渐深入，考虑到其他未曾想到的方面。这种继续追问的办法，可以让孩子对任何事情都考虑得更周全，在考试中将直接受益。

3．不能粗暴地打断孩子

当孩子在讲自己的理由时，父母不可以中途打断，无论自己多么不同意，都一定要让孩子把话说完。无论孩子的观点正确与否，能充分阐述自己的观点，都是一种有助于分析能力的训练。

4．平等友好地提出不同意见，请孩子作答

当父母不同意孩子的观点时，可以用平等友好的态度提出自己的看法，请孩子给出回应。原则是，再尖锐的矛盾也不可以在态度上有丝毫的不耐烦。父母能以理服人，孩子才能善于讲道理，善于分析。

5．当孩子做错题，让他自己分析错误原因

孩子在考试中出现失误，家长不可急躁地批评，而应该平静地坐下来，让孩子自己分析错误原因。通过自己的分析，孩子能对错误有更深刻的认识，记得更牢，更不容易再犯。

6．让孩子为自己的学习计划和学习目标进行答辩

当孩子为自己定出学习计划和学习目标，父母可以让孩子进行家庭答辩，父母不断提出各种问题，孩子必须一一回答，努力说服父母接受自己的方案。这不仅可以促进孩子分析能力的提高，更能够加强孩子的责任心，对学习更负责任。

好习惯4. 孩子善于与所获得的知识建立联系的好习惯

面对新的问题时，如果能和已有的知识建立起联系，会让解题过程变得更轻松。考试的真正目的，也正是为了让学生自如运用已有的知识，来解决新的问题。然而，联系已有知识的关键在于一个字——活，如果用得过于死板，反而会起到不好的效果。

现代汉语的语法分析体系是从西方套用来的，这就是说我们使用着中国语言，而衡量这种语言的标准却是西方的。这套不合体的标准，却在语文课上被老师津津乐道。而事实上，我们更应当从整体上去把握中国语言，把握语言的整体特征，不能要求每个学生都成为语言学家、逻辑学家。

正是语法体系的错位，使得我们的语言审美也出现了问题。比如《明湖居听书》中的一句："那双眼睛，如秋水，如寒星，如宝珠，如白水银里养着两丸黑水银。"我们一定会说这一句很美。

然而，有学生就模仿，写《我的同桌》："她的头发像黑色的瀑布，眼睛像夜明珠，鼻子像大理石，嘴像一条小船，脸盘子像十五的月亮……"当所有这些比喻拼凑到一起时，就出现了一个极恐怖的形象，还不如直接说一句"我的同桌很美"来得实在。

这就是刻板套用已有的知识，这种毛病还不止出现在文科中，理科一样存在着类似问题，比如用错了公式和定理。这种刻板的套用，归根结底，还是学生对知识掌握得不够深入，仅仅凭借一些表面印象来运用，并没有真正地理解。

高洋把9岁的儿子带到美国，就像是把自己最心爱的东西交给了一个并不信任的人去保管，终日忧心忡忡。学生可以在课堂上放声大笑，每天最少让学生玩两个小时，下午不到3点就放学回家，最让父亲开眼的是根本没有教科书。一个学期过去，父亲把儿子叫到面前，问他美国学校给他最深的印象是什么？孩子笑着说了一句美国英语："自由！"这两个字像砖头一样，拍在老爸的脑门上。

不知不觉一年过去了，儿子的英语长进不少，放学以后也不直接回家了，而是常常去图书馆，不时地背回一大书包的书来。问他一次借这么多书干什么？他一边看着那些借来的书一边打着电脑，头也不抬地说："作业。"

这叫作业吗？一看儿子打在计算机屏幕上的标题，父亲真有些哭笑不得——《中国的昨天和今天》，这样天大的题目，即便是博士，敢去作吗？于是乎严声厉色，问是谁的主意。儿子坦然相告："老师说美国是移民国家，让每个同学写一篇介绍自己祖先生活的国度的文章。要求概括这个国家的历史、地理、文化，分析它与美国的不同，说明自己的看法。"父亲听了，连叹息的力气也没有，真不知道让一个10岁的孩子去运作这样一个连成年人也未必能干的工程，会是一种什么结果？他只觉得，一个10岁的孩子如果被教育得不知天高地厚，以后恐怕是连吃饭的本事也没有了。

过了几天，儿子完成了这篇作业。没想到，打印出的竟是一本20多页的小册子。从九曲黄河到象形文字，从丝绸之路到五星红旗……热热闹闹。父亲没有赞扬，也没评判，因为自己也有点发懵，一是他看到儿子把这篇文章分出了章与节，二是在文章最后列出了参考书目。这是父亲本人在读研究生之后，才开始运用的写作方式，那时，他已经30岁了。

在这个例子中我们看到，一个10岁的孩子，就能处理大量资料，并进行分类整理、编纂成书。最初是对资料的搜集和筛选，然后是把选好的内容按照一定逻辑关系连接起来，最后再从文字上通一遍，配图，排版，打印。分章分节本身就体现出了逻辑的递进关系，而列出参考书目，则显示出了严谨的治学态度。在整个过程中，找资料并不难，难的是在各种资料之间建立联系，把散乱的点连缀成篇。有了这种能力，任何复杂的综合应用题就都能迎刃而解了，高考作文也不再可怕。对家长来说，让你的孩子获得这样的能力，其实并不难。

下面是家长指导孩子之法：

1. 让孩子找联系

对于孩子学习上的难点，家长可以让他寻找各种关联内容，或者在内容上有一定的逻辑关系，或者在规律上有一定的相似之处。这样有助于孩子加强知识间的横向联结，提高综合应用的能力。

2. 让孩子独立制作知识结构网络图

家长可以让孩子把某一科目的知识，都用图表的形式联结起来，体现出相互间的关系。这能让分散的知识在孩子的头脑中形成一个整体，尤其在自己动手总结的过程中，孩子可以更深入地理解。

3. 遇到难题时，引导孩子回忆相关知识

当孩子在难题面前“卡壳”，父母可以引导他回忆以前学过的相关知识，努力寻找相互间的联系。可以把难题分为几部分，每部分都用相应的知识解决。这同时也是对旧知识的一次复习。

4. 让孩子系统介绍某一门科目

家长可以让孩子用自己的话，来介绍某一门科目的内容。为了尽量全面，孩子就不得不寻找相互间的联系。而这种联系一旦建立，以后的学习就会事半功倍。

5. 用创造性的题目，锻炼孩子的综合能力

家长可以仿照前面提到的例子，出一些有创造性的题目，让孩子独立完成一篇论文。题目应该能尽量引起孩子的兴趣，也可以由孩子来选。你会发现你的孩子也能完成一份研究报告，而且里面会有他自己的体会和心得。

好习惯5. 孩子发散思维的好习惯

想象比知识更重要，因为知识是有限的，而想象力概括着世界上的一切，推动着进步，并且是知识进步的源泉。

父母都不希望孩子在考试中丢分，那么不妨看一下为什么丢分——难道所用到的知识，自己的孩子没有学过吗？不是！既然不是，丢分就只有一个理由——思维不够灵活，不知道怎样用那些学过的知识。令人悲哀的是，孩子们在学习上花了那么多时间，付出那么多努力，却没有学会主动地、灵活地去思考问题。

黄全愈博士在美国收到了一封厚厚的家信，拆开一看，有一张约两尺见方的宣纸国画，画的是竹子：疏疏落落的竹叶，斜斜弯弯的竹竿，布局协调，浓淡有致，且远近成趣。一读信，则大吃一惊——这幅画竟然出自3岁儿子的手！

教育系主任布莱思博士正好进来，看到了那幅画，黄博士开玩笑说："这是一个著名的教授画的！"只见布莱思眨了眨那双蓝蓝的眼睛，点点头沉吟道："不错！不错！"当他得知真相，脸色在一瞬间掠过了几个变化：既有被作弄的尴尬，又十分不相信那是3岁儿童的画，同时也对自己鉴赏中国画的水平有点怀疑……

这事让黄全愈震惊，因为把一个3岁儿童的画说成是一个著名教授的画，也有人相信，而且这人是一个美国大学的教育系主任！

这有两个可能：第一是该美国教授鉴赏中国画的水平太低。这个“可能”是不太可能的，因为连黄全愈自己也没想到是儿子的画！第二是儿子的绘画技巧实在太好，以致达到“乱真”的地步。

然而，当他儿子到美国后，却不愿意学画画了。因为老师根本不教绘画，一点都不教！只出一个题目，让孩子想画什么就画什么，想怎么画就怎么画，有站着画的，有跪着画的，也有趴着画的。他们笔下所绘,更是不敢恭维：不成比例、不讲布局、不管结构、无方圆没规矩、甚至连基本笔法都没有。连这么破的画都能受表扬，孩子画得再好，又有什么用呢？没劲！真没劲！

于是，父子俩一致决定退班，这简直是误人子弟，简直是“放羊”！

每次儿子画完画都要问：“像不像？”既然有“像不像”的发问，就一定有一个可依据的样板来评判“像”还是“不像”。当一个人从小就反复接受这种模式的训练，久而久之就会习惯性地以“像不像”为样板来要求自己。

黄全愈开始仔细观察儿子，发现不管给他什么画，他几乎都能惟妙惟肖地画下来，或者说“拷贝”下来、“克隆”下来。但如果要他根据一个命题自己创作一幅画，那就难了。

因为原有的训练模式是：黑板→学生的眼睛→经由学生的手把黑板上的样板“画”下来。

这是一个简单的由眼睛到手的过程，由于没有“心”的参与，可以说是一个类似“复印”的过程。长此以往，他的绘画过程就仅仅是一个由眼睛到手的过程。所以，他的眼睛里有画，心里没有画。

眼睛里的画只能是别人的画，只有心里的画才是自己的画。也就是说，如果不能在自己的心中“创造”出一幅自己的画来，就只能重复他人。

画心中的画才有动人心魄的震撼力！

找到心中最有震撼力的画面，就是一个发散思维的过程，一个创造的过程。面对难题找出答案，也是这样的过程。可以说，没有发散思维，就没有应变能力，没有好成绩。

下面是家长指导孩子之法：

1. 鼓励孩子多提思路

从小带孩子做题的时候，就应该不过于重视答案，而着重于启发孩子，寻找不同的解题思路。这样能让孩子养成从不同角度思考问题的习惯，使其终生受益。

2. 对作文题目多列提纲

为了培养孩子的作文能力，可以要求孩子对每个题目，列出3到5份提纲。这样，孩子就能更积极地思考，并且临考时，可以从几份腹稿中，选出最好的。

3. 鼓励孩子的奇思异想

当孩子提出任何奇怪的想法，家长应当立即鼓励，说“了不起”。鼓励孩子的奇怪想法，就是鼓励孩子多思考，而批评则只能让孩子的思维能力萎缩。

4. 家中设立“创意奖”

可以在家里设立创意奖，当孩子在学习上想出一条与众不同的思路，或者有了什么别的独创性想法，就应该予以奖励。只要家长有如此的态度，孩子的发散思维就能受到极大鼓励。

5. 和孩子做思维比赛

父母可以和孩子比赛，看谁想的歪点子多。这种趣味性的练习，可以极大地提高孩子的思维活跃性，并让他渐渐养成发散思维的习惯，在难题面前永不言败。

6. 把“脑筋急转弯”作为娱乐

休息时，父母可以和孩子一人拿一本《脑筋急转弯》，相互出题目考，谁输了就打一下巴掌或刮一下鼻子。这种游戏能直接锻炼孩子发散思维的能力，并且其中的乐趣能很快驱散学习的烦恼，是十分好的休息方式。

好习惯6. 孩子善于做阶段性总结的好习惯

《礼记》中说，学然后知不足。学习的目的，就是要找到自己哪里掌握得比较充分，哪里还有不足。如果连自己的缺点和问题都不知道，你如何复习？你又怎么面对考试？你的不足不是试卷上老师打的叉，而是头脑里知识的空白。

在考试中，经常会出现这样的现象，就是有一两道难题，大家都不知道从何下手。如果题目本身并没有超出所学的范围，那就说明了一件事：大家都有问题，不善于思考，他们的学习，并没有达到应有的效果。进一步分析，难题为什么难？解题的关键在哪里？大多数时候，只要综合已经学过的知识，就能找到其中的突破口。之所以大家都找不到，只有一个解释，就是大家对已有知识的掌握都不够牢固，不知道怎样使用头脑中的知识，这时，他们学到的知识，就是死的。

如何把死的知识变活？办法有很多种，你甚至可以从头到尾再学一遍。但要说效率最高的办法，还是做阶段性的总结。也就是说，每学一段，都应该对所学知识和自己的掌握情况，有比较清醒的认识，尤其要清楚，自己还有什么弱点和不足。这是大家的问题，谁能解决它，在和大家的竞争中，谁就会更有优势。

那么，怎样总结才能有最好的效果？知识量那么大，旧的还没消化吸收，新的就已经来了，跟老师的进度似乎总也跟不上，总有差距，学得越多，漏洞就越多，这到底是怎么回事？

这是因为学校的集体教学要顾及大家，带着大家一起走，自然不能完全符合个人的需要。因此，善于总结的学生应该明白一点，那就是学习主要靠自己，老师和学校、作业和考试，只能起一个辅助作用。这样，你就可以把目光始终盯在自己身上，看我有什么差距，我有什么问题，我该用什么样的方法来帮助自己。一定要记住，只知道听课，不知道自学和总结的学生，永远不会成为好学生。

黄全愈博士的儿子碰到过一份作业，题目是《我怎么看人类文化》。如果说上次介绍祖国的作业还有范围可循，这次真可谓不着边际了。儿子很真诚地问爸爸："饺子是文化吗？"为了不误后代，爸爸只好和儿子一起查阅权威的工具书。费了番气力，他们总算完成了从抽象到具体又从具体到抽象的反反复复的折腾，儿子又是几个晚上坐在微机前，煞有介事地做文章。看着儿子那专心致志的样子，父亲不禁心中苦笑：一个小学生，如何去理解"文化"这个内涵无限丰富，而外延又无法确定的概念呢？但愿对"吃"兴趣无穷的儿子别在饺子、包子上大做文章。

在美国教育中已经变得无拘无束的儿子，最终把文章做出来了。这次打印出来的是10页，又是自己设计的封面，文章后面又列着那一本一本的参考书。他洋洋得意地对爸爸说："你说什么是文化？其实特简单——就是人创造出来，让人享受的一切。"那自信的样子，似乎他发现了别人没能发现的真理。后来，孩子把老师看过的作业带回来，上面有老师的批语：我布置本次作业的初衷，是让孩子们开阔眼界、活跃思维，而读他们作业的结果，往往是我进入了我希望孩子进入的境界。爸爸问儿子，这批语是什么意思，儿子说，老师没为我们骄傲，但是她为我们震惊。"是不是？"儿子问爸爸，爸爸无言以对，只觉得这孩子怎么一下懂了这么多事？再一想，也难怪，连文化的题目都敢去做的孩子，还有不敢断言的事情吗？

这个例子告诉我们，一个小学生的归纳总结能力，并不比学者专家和教授更差。你的孩子也是天才，能不能发挥出他的天赋，就看做父母的怎样培养了。

下面是家长指导孩子之法：

1. 给孩子出一些需要总结的大题目

为了培养孩子阶段性总结的能力，父母可以出一些大题目，让孩子自己查资料、自己总结，从中获得成就感。这能帮助孩子更好地认识自己、评价自己，及时找到自己的不足，还可以让孩子学会思考问题的方法。

2. 让孩子定期汇报自己的不足和弥补的方法

每周末，可以让孩子对自己的学习做出全面的评估，找到自己的问题，并提出弥补的方式。全面评估就是总结的过程，可以让孩子针对自己的弱点，有的放矢地进行复习。

3. 学完一章知识立刻总结

当孩子学完一章，要求孩子立即进行总结，列出其中的知识点，并标明互相间的关系，还要在每个知识点后根据自己掌握的情况来打分。这可以成为自己复习的依据，重点弥补自己的欠缺。

4. 要求孩子讲知识

家长可以要求孩子用口语讲述学到的知识，讲得越通俗，就说明孩子掌握得越牢固。把书本的长篇大论变成自己的口语，这就是一个总结的过程，从中可以看出孩子对知识掌握的程度。

5. 陪孩子一起总结

如果孩子没有阶段性总结的习惯，父母可以带着他一起总结，把问题讨论清楚，再让孩子记下来。这能让孩子学会总结知识的基本方法，渐渐养成阶段性总结的习惯。

6. 让孩子编教材

可以让孩子利用学过的知识，自己来编写教材。家长不能求全责备，一定要用自己的鼓励，让孩子坚持到底。这个过程相当于，孩子对所学的知识消化吸收一遍，再总结出来，将极大地提高孩子对知识掌握的熟练程度。

好习惯7. 孩子从观察中学会思考的好习惯

观察是聪明的眼睛，让孩子长一双“火眼金睛”，用自己的眼睛去观察自然，观察社会，观察人生。

观察是一个人认识事物的重要途径，是智力活动的基础，是完成学习任务的必备能力。观察是聪明的眼睛，没有敏锐的观察力，就谈不上聪明，更谈不上成才。细致是培养观察的基本要求，准确是观察习惯的根本，全面是观察的基本原则，发现特点是观察的目的。

1975年出生的任寰，7岁写诗，9岁发表作品，10岁出版第一本诗集，12岁加入河北省作家协会，18岁考入北京大学中文系。至今已出版诗、文集7部，发表各类文章近500篇，多次获国际、国内文学奖。

任寰小时候不爱说话，这与她从小患过敏性哮喘有关。每次住院、打吊针、输氧，她也不多话。这种生活使她自然形成了善于用眼睛观察的习惯。

任寰上小学二年级时，父亲有意识地培养她观察、描写大自然。上小学三年级时，父亲又教她注意观察人物，观察人的心理，进而观察思考社会和人生。《10岁女孩任寰诗文选》就是她观察、思考生活的结晶。著名诗歌评论家谢冕称她的诗具有思辨性。

任寰的父母在平时也注意指导观察，开阔孩子的眼界，充实孩子的生活。例如，让任寰观察家里养的花草、小鱼，晚上带任寰观察星空，讲讲简单的星系。白天观云，看到云的流动，讲一讲“云往东，一场空；云往西，披蓑衣”等谚语的简单道理。

任寰的父母常常引导她走向社会走向大自然，接触生活，观察世界，扩大眼界，鼓励她遇事多问几个为什么，启发孩子思考问题。这为任寰后来的成功有极大作用。

巴甫洛夫说过，在你研究、实验和观察的时候，不要做一个事实的保管人。你应当力图深入事物根源的奥秘，应当百折不挠地探求支配事实的规律。这就是说，巴甫洛夫主张观察不但要准确，而且还应达到能透过现象看本质，力图深入事物奥秘的程度。

父母在鼓励孩子勤于观察的同时，还要注意帮助孩子善于观察。著名哲学家黑格尔认为，培养观察力的最好方法是教他们在万物中寻求事物的“异中之同或同中之异”。

父母如何培养孩子的观察能力呢？我们的建议是：

1．明确观察目的

孩子对观察任务的了解，直接影响观察的效果。观察目的越明确，孩子的注意力就越集中，观察也就越细致、深入，观察的效果也就越好。孩子在观察中，有无明确的观察目的，得到的观察结果是不相同的。例如，父母带孩子去公园，漫无目的地东张西望，转半天，回到家里，也说不清看到的事物。如果要求孩子去观察公园里的小鸟，那么孩子一定会仔细地说出小鸟的形状，羽毛的颜色，眼睛的大小，声音的高低等。这样孩子就能有的放矢地去观察，从中获得更多的观察收获。

2．激发孩子观察前的准备

特别是有关知识的准备，以便让孩子看得懂；同时要激发其求知欲，培养其观察兴趣。兴趣是最好的老师，有了浓厚的兴趣，就会主动去认识事物。父母可以引导孩子观察他最熟悉的、最喜爱的、特征比较明显的和容易辨认的事物，激发孩子积极观察的强烈愿望。

3．让孩子见多识广

观察力的高低与孩子视野是否开阔有关。孤陋寡闻的孩子缺少实践的机会，观察力必然受到影响。看到同样一种现象，有的孩子能说出很多，有的孩子却说不上几句，这与孩子学习的情况有关。知识学得扎实，道理融会贯通，观察问题就比较深刻。

4．鼓励孩子多提问

不要总认为孩子什么都不懂，孩子的心灵深处绝对不是一片空白，不同年龄的孩子经常会向父母提出一串串精彩的问题。例如，“天冷了水为什么会结冰？”“我是从哪里来的？”等等。孩子们的问题有很多是父母们意想不到的，或者觉得可笑、荒唐。面对孩子的提问，有的父母可能会不耐烦地说：“去！去！去！哪有这么多为什么？”也许他们自己也不太清楚，也许认为这些问题不值得回答。如果是这样，会让孩子感到很扫兴，挫伤乃至磨灭孩子对周围事物的观察与思考。

5．教育孩子观察与思考相结合

在培养孩子观察的同时，还应引导孩子在观察中积极思考，把观察过程和思考结合起来。科学家看到某种奇特现象，也是要经过一番思考才能有所收获的。接收信息而不处理信息就没有创造。父母应当教育孩子养成观察与思考的习惯，只有如此才能让孩子的观察能力一天天敏锐起来。

好习惯8. 孩子善于想象的好习惯

世界像飞机的跑道，而想象力就是机翼，有了想象的翅膀，飞机才能起飞。每个孩子都有自己独特的想象空间，不同的父母将挖掘不同的宝藏。

想象是心灵之花，每个孩子都有自己独特的想象空间。不同的父母将挖掘不同的宝藏。爱因斯坦说：“想象力比知识更重要。因为知识是有限的，而想象力概括着世界上的一切，推动着进步，而且是知识进化的源泉。”将自己的孩子培养成具有创造能力的人才是父母们的共同心愿。对于孩子来讲，充分发挥他们的想象力便是为日后的成功奠定了良好的基础。大多数父母都知道，瓦特发明蒸汽机，牛顿发现万有引力，飞机、飞船的发明都是基于想象。如果没有想象，创造就无从谈起。

一个早春，梁燕女士带孩子去少年宫画画，母子俩兴致勃勃地走在林荫道上。她告诉孩子春天来了，让孩子看看春天跟冬天有什么不一样。孩子仰头看看这棵郁郁葱葱的大树，又看看后面几棵还没长出新叶的小树，问妈妈：“为什么春天来了，有的树换上了绿衣，有的却没有呢？”母亲鼓励孩子好好想一想。孩子也许想起今天早上起来找不到衣服穿的情景，于是说：“妈妈，我知道了，春天来了，所有的树妈妈和树宝宝都要换上绿色的衣裙的，这个树宝宝起晚了，找不到妈妈为他准备好的绿衣服正在着急呢。”母亲趁机指着前面那棵依然是枯叶满枝的古树问他：“那又是谁呀，为什么还没换上绿衣裳呢？”孩子不假思索地说：“那是奶奶，她老了，手僵硬了，衣服穿不上了，她正在焦急地喊：谁来帮帮我！谁来帮帮我！”

作为父母，梁燕女士的做法无疑非常可取。父母要善于引导孩子去联想，学会倾听孩子的语言，对孩子的联想表现出极大的兴趣，这是对孩子最好的激励。

请看这样一首诗：《你别问这是为了什么》

妈妈给我两块蛋糕／我悄悄留下一个／你别问这是为了什么／爸爸给我穿棉衣／我一定不把它弄破／你别问这是为了什么／哥哥给我一盒歌片／我选出最美丽的一页／你别问这是为了什么／晚上，我都把它们放在床头边／让梦儿赶快飞出我的被窝／你别问这是为了什么／我要把蛋糕送给她吃／把棉衣给她去挡风雪／在一块儿唱那最美丽的歌／你想知道她是谁吗／请你去问一问安徒生爷爷——她就是卖火柴的那位小姐姐。

这首诗是由一位叫刘倩倩的湖北儿童创作的，曾获“世界儿童诗歌比赛奖”。之所以能获奖，就在于它体现了这个孩子纯真美好的心灵，体现了她丰富的想象力。

一位母亲被一张照片深深地震撼了：一个正在遭受饥饿的非洲儿童的手置放在一只正常人的手掌上，制造出一种触目惊心的对比。非洲儿童那瘦小干枯的手简直就不能叫做手，而像“鸡爪”。母亲连忙叫她8岁的儿子来看。孩子看后，心情很沉重，躺在屋后的草地上写下了这首《望天空》的诗：“我在绿茵茵的草地上躺着／向蔚蓝蔚蓝的天空望着／把我严严密密的罩着／我要把天空翻转／让它变成一只烧饭的锅／烧出很多很多的米饭／让全世界忍受饥饿的儿童／永远不再挨饿。”这首诗获得《中国儿童报》“优秀作品奖”。如果没有孩子对苦难中的非洲儿童的深深同情，就不能激发孩子把天空翻转过来变成一只锅的想象。

想象力不是生来就有的，需要在生活的点点滴滴中培养。那么，父母如何培养孩子的想象力呢?

1. 多让孩子参加有创造性的游戏

游戏是孩子的主要活动，父母可以在孩子游戏时鼓励他们自己提出游戏的主题和内容，如果形成了习惯，孩子的想象能力就会得到迅速提高。

2. 让孩子多接触图画，包括多看和多画

父母应多带孩子观察大自然和多看知识性趣味性强的图片，这些是孩子展开想象的立足点。在此基础上教孩子画画，鼓励其把头脑中想象的东西画出来。开始时父母可以先画一些基本线条，告诉孩子要画什么，再让孩子根据自己的想象把画画完。孩子喜欢画画，父母最好不要代拟主题和内容，要让孩子想画什么就画什么，这样才能令孩子有广阔的想象空间。此外，父母可以画一幅未完成的画，让孩子想象并补画其余内容，构成一个完整的画面。

3. 多给孩子讲童话故事

童话故事适合孩子想象的特点，常常听童话故事的孩子其想象能力比不听、少听童话故事的孩子要丰富得多。最主要的是父母讲完后，让孩子马上复述。孩子可能在复述中有添枝加叶的地方，只要主题大意不变，父母就应该鼓励。千万不要泼冷水，以免挫伤孩子想象的积极性。父母给孩子讲故事，有时可讲到一定的地方不往下讲，引导孩子对以后的故事情节进行想象。例如讲述《曹冲称象》，当讲到该如何称这陆地上最大的动物的重量时就停住，让孩子想一下，用什么办法可以称象？促使孩子开动脑筋积极思考，久而久之，孩子就习惯边听，边动脑筋，发展了想象力。

4. 让孩子进行“情景描述”

父母可以常常和孩子做这样的游戏。比如，父母说：“这是一个下雪天，想想看是什么样子？”孩子根据他的想象进行描述。反过来，孩子也可以问父母：“这是一个下雨天，想想看是什么样子？”此时父母应尽量认真细致地描述一番，从中给孩子一些启发。诸如此类的问题有很多。在想象时孩子的水平会有差别，父母要引导他们讲述更加丰富的内容，让孩子尽情地说出他的想法。即使他的答案很滑稽，甚至不合逻辑，都不要批评，唯有你的倾听、接纳才能引导出更好的答案。

5. 发展孩子的想象力

首先是激发孩子的好奇心。好奇心是人类认识世界、探索自然和社会奥秘的重要心理品质，是促进想象力发展的重要条件。如果把强烈的好奇心和科学的想象力结合起来，就会表现出非常大的创造性。其次是培养孩子丰富的情感。丰富的情感是激发人们想象活动的重要心理因素。

好习惯9. 孩子善于创造的好习惯

给孩子一片“破坏”的天空，孩子“破坏”失去的只是可估量的价值，而得到的则是一生受用不尽的财富。

创造力是一个人在传统知识和习惯的包围中，发现、探索、掌握事物的能力。也就是说，创造是无法在现有知识中找到的。其实，每个孩子都有创造力，只是我们做父母的没有发现。例如，有的父母对待孩子提出的问题，要么给予现成的答案，结果使孩子渐渐养成懒得动脑筋的习惯；要么置之不理，甚至叫孩子闭嘴。也有些好奇的孩子喜欢把家中的东西拆开来探究，而父母将其视为“不务正业”，当然少不了一顿责骂，孩子的创造性便渐渐消失了。发明家爱迪生曾经说过：“善于创造的人，往往具有一个奔驰的脑筋。”给孩子一片“破坏”的天空，孩子“破坏”失去的只是可估量的价值，而得到的却是孩子一生受用不尽的财富：思考、创造和智慧。

有这样一个故事：一天，有一个孩子的母亲因孩子把她刚买回家的一块金表给摆弄坏了，就狠狠地揍了孩子一顿，并把这件事告诉了孩子的老师。不料，老师却幽默地说：“恐怕一个中国的‘爱迪生’被你枪毙了。”这个母亲不解其意，老师给她分析说：“孩子的这种行为是创造力的一种表现，你不该打孩子，要解放孩子的双手，让他从小就有动手的机会。你可以和孩子一起把金表送到钟表铺，让孩子站在一旁看修表匠怎样修理。这样，修理费就成了学费，你孩子的好奇心可以得到满足。说不定，他还可以学会修理呢！”

这个故事发生在半个世纪前。故事中的那位老师就是我国著名的教育家陶行知先生。故事明白无误地告诉父母，要保持孩子的创造性，让孩子在好奇心的驱动下学会创造。

创新是一个成功者必备的素质。孩子从小展现出来的创新天赋是各种各样的，他们爱幻想、爱动，而且，没有成人的条条框框的束缚，他们敢于将大胆的想法付诸实施。在这些幻想中，蕴含着大量创新的火花，犹如金矿中蕴含着金子。

张肇牧从小就聪明异常，考入全国最好的大学——北京大学，毕业后又被美国哈佛大学录取。在众多对他敞开大门的世界著名大公司中，他选择了所罗门金融投资公司，年薪15万美元。张肇牧也许只是平常人中的一个，但是他有一个富有爱心和智慧的母亲，在母亲这位人生第一位老师的培养下，张肇牧才能焕发出这样夺目的光彩。

一天妈妈下班回到家后，刚走近厨房，就嗅到一股怪怪的刺鼻的味道。肇牧正在厨房里，他看见了妈妈，就直往后退，他努力想用身子挡住身后的一个大钵头。妈妈过去一看，浓烈的怪味正来源于这个大钵头中的东西。

原来，淘气的肇牧竟然把架子上的酱油、醋、料酒、麻油、虾油卤和番茄酱等等，凡是瓶装的液体流质，统统都倒在一起，调成了黑乎乎的一钵。

妈妈顿时就发火了：“你什么不能玩啊？为什么这么淘气啊？”肇牧低垂着头，怯怯地说：“妈妈，我想配一种药水，让蚊虫一叮就自己死掉。”

尽管这餐晚饭弄得爸爸妈妈前所未有地手忙脚乱，但是他们没有打他，甚至重言重语也没说一句，孩子虽然做了件傻事，但其中蕴涵着的创造欲是极可贵的。

孩子的一举一动都蕴含着创造力，尽管它只是雏形，却又是伟大的。

那么，如何培养孩子的创造力呢？我们的建议是：

1．提高和激发孩子的好奇心

其实，孩子爱搞“破坏”属天性使然，是其创造萌芽的一种体现。他们对各类陌生事物充满新鲜、好奇，并身体力行，欲用自己双手探求这未知世界。合理利用孩子这种天性，多方引导、鼓励，孩子的创造萌芽就会得到进一步深化。反之，老实文静听话的乖孩子，家庭虽少了“破坏”气氛，大人安心，但孩子的天性抹杀了，培养出的孩子多半循规蹈矩，缺少头脑，依赖性强，泯灭了孩子爱动、好奇和勇敢，甚至是冒险的天性。

2．鼓励孩子自己解决问题

当孩子遇到困难时，父母不要包办代替，直接告诉答案，也不要直接告诉解决问题的办法，而应提示引导孩子自己想办法解决。

3．教育孩子要勇于认错、勇于承担责任

这是科学创造应具备的基本素质。

4．辅导孩子自己动手

父母可以常常指导孩子做一些小玩具和小实验，关键是让孩子自己做，并且要一丝不苟地去做。

好习惯10. 孩子独立思考的好习惯

思考不是天生的，而是后天学习中产生的。父母如果善于启发诱导，孩子就能够养成善于思考的良好习惯。

思考应用最多的符号是语言文字。孩子们的思考，就是应用文字符号的逻辑来处理所接触事物的过程。

例如，当你抱着咿呀学语的孩子观赏一朵花，你指着花说那是“一朵花”，这时“一朵花”的语词与花的形象发生联结，如果重复说几次，孩子听到“一朵花”这个声音，脑子里就会浮现一朵花的影像。这就是记忆，是孩子们赖以不断学习解决问题的基本运作。

很多人对小孩子的教导，往往停留在这个记忆的阶段，未做深一层次的启发与指导。比如一朵花的性质很多，包括形状、颜色、香味等等，如果不从分辨与归纳中教孩子思考，他的学习活动就没有机会从记忆提升到对事物的分辨、整理与分析。

人本来就有思考的潜能。就是父母亲不教孩子思考和处理所接触的事物，他也能从记忆、认识、分辨和整理中自行学会思考。但是在这个知识爆炸的社会里，如果一切由他自己去尝试摸索，他在整个求学过程中，很可能会落后。

通过对日常生活事物的分辨、归纳和整理分析，孩子的思考能力开始进步，处理资料的方式和过程愈来愈精细熟练，愈来愈合逻辑。这就是一个人的智力发展过程。很多孩子在学校里的功课不及别人，不是由于天赋不如别人，而是思考能力缺乏有效的教导。

作为父母亲要多让孩子谈话，把所要表达的观念和法则说得清清楚楚，遇到孩子表达不清楚时，要及时补救。另一方面，要找一些通俗有趣的故事和童话，多念给孩子听，并讨论其中的情节。孩子们的脑子像是一部录音录像机，你若注意教他语言和思考，让他聆听好的作品故事，讨论故事的情节，他们的分析能力、思考能力和表达能力，一定有惊人的进步。

美国教育心理学家甘尼从研究中发现，孩子们处理问题的能力，是从“分辨”中开始演化而来。比如孩子从分辨狗和猫的不同，而获得两种动物的大略具体观念，进而对两种动物加以界定，而形成定义观念。再由猫和狗的习性中的差异理出一些原则，进而演绎成饲养猫和狗两种宠物的方法。

孩子们天生爱做事，小小年纪问东问西，喜欢帮助大人做事。但由于他们拙于处理事务，父母常常浇他冷水，打击兴趣，甚至不让孩子参与家事。这样一来，孩子先天的好奇心、试探心和处理事务的能力，都会受到严重的抑制。特别对孩子的思考习惯的培养，会带来非常不利的影响。

家长应引导孩子不要把自己的大脑当成“口袋”去装知识，而是要理解知识、运用知识。首要的是在“思考”和“弄懂”两方面下工夫。

第二章

披荆斩棘，走向成功

——自我激励学习习惯的培养

好习惯11．孩子选择有兴趣的突破口的好习惯

兴趣是最好的老师。父母培养孩子选择感兴趣的事物，可能会获得事半功倍的效果。兴趣使人主动，积极上进，从而能开发孩子的潜力。

祖冲之是南北朝时期南朝的科学家。他推算的圆周率比欧洲早一千多年。他编制的《大明历》首先考虑到岁差问题的计算，对于日月运行周期的数据比当时的其他历法更为准确。

然而，有谁能相信，这样一位伟大的科学家，小时候常常挨打，曾被斥责为“笨蛋”、“蠢牛”呢！祖冲之的父亲祖朔之，是位小官员。他望子成龙心切。祖冲之不到9岁，父亲就逼迫冲之去背诵深奥难懂的《论语》，读一段，就叫他背一段。两个月过去了，祖冲之只能背诵十多行，气得父亲把书摔在地上不教了，并且怒气冲冲地骂道：“你真是一个大笨蛋啊！”过了几天，父亲又把冲之叫来，教训他说：“你要用心读经书，将来就可以做大官。不然，就没有出息。现在，我再教你，你再不努力，就决不饶你。”可是父亲越教越生气，祖冲之也是越读越厌烦。他皱着眉头，愤愤地说：“这经书我是说什么也不读了。”气得父亲额头上的青筋都迸出来了，忍不住伸手打了祖冲之几巴掌，打得儿子号啕大哭起来。父亲口里还不断骂“笨蛋，蠢牛”、“没出息”。正在这时，冲之的祖父来了，问明原因，就对祖朔之说：“如果祖家真是出了笨蛋，你狠狠打他一顿，就会变聪明吗？孩子是打不聪明的，只会越打越笨。”冲之的祖父对

朔之还严厉地批评说：“经常打孩子，不仅不能起到任何好的作用，而且还会使孩子变得粗野无礼。”祖朔之说：“我也是为他好啊！他不读经书，这样下去，有什么出息。”“经书读得多就有出息，读得少就没有出息？我看不一定吧。有人满肚子经书，只会之乎者也，却什么事也不会做！”冲之的祖父批评说，“他不读经书怎么办？不能硬赶鸭子上架。他读经书笨，说不定干别的事灵巧呢。做大人的，要细心观察孩子的兴趣，加以诱导。”

有一次，祖冲之问爷爷：“为什么每月十五的月亮一定会圆呢？”爷爷解释说：“月亮运行有它自己的规律，所以有缺有圆！”祖冲之越听越有趣，从此，经常缠住爷爷问个不停。爷爷便对冲之说：“孩子，看来你对经书不感兴趣，对天文却是用心钻研，正好，咱们家里的天文历书多得很，我找几本你先看一看，不懂的地方问我。”祖朔之这时也改变了对儿子的看法，每天，教孩子读天文方面的书，有时祖孙三代一起研究天文知识。这样，祖冲之对天文历法的兴趣越来越浓了。

一天，爷爷带冲之去拜见一个名叫何承天的在天文方面很有成就的官员。何承天问冲之：“小兄弟，天文这东西研究起来很辛苦，既不能靠它发财，更不会靠它升官，你为什么要钻研它？”祖冲之说：“我不求升官发财，只想弄清天地的秘密。”何承天笑道：“小兄弟，有出息。”从此，十多岁的祖冲之经常找何承天去研究天文历法。后来，祖冲之终于成为一名杰出的科学家。

祖父对孙子冲之因材施教，看其兴趣何在，就选择哪儿为突破口，去启发、引导孩子，获得了惊人的成功。这对我们今天的父母是否也有所启迪呢？

父母如何培养孩子的兴趣呢？

1. 父母要做表率

父母的一言一行都会直接影响着孩子。很难想象，在一个父母整天无所追求或麻将牌整天不断的家里，孩子会有很强烈的学习兴趣。如果父母喜欢看书，学习求知欲很强，那么孩子对学习自然而然也会产生浓厚兴趣，他会照着父母的样子，自觉地认真学习，积极完成各门功课。因此，父母要提高孩子的学习兴趣，先要从自己做起，从提高自身素质做起。

2. 父母要给孩子创造良好的学习条件和环境

课外阅读既有利于丰富知识，又有利于开阔眼界，陶冶情操。父母应根据孩子的兴趣，分期分批为他们订购一些书刊杂志和学习上的工具书。如条件许可的话，还应给孩子固定一间书房或一个固定的座位。房间的光线要充足，晚上灯光要柔和，桌椅高矮要合适。孩子做功课时，室内应保持安静。良好的学习环境有利于使孩子不受外界干扰，静下心来学习。

3. 父母应从小培养孩子的学习兴趣

从婴幼儿开始，父母就可通过讲故事、教儿歌等方式，教给孩子各种知识。告诉孩子，只有做一个有学问的人，才能受人尊重，为国为民做贡献，也才能为自己将来找到理想的职业打下坚实的基础。这样将逐步使孩子认识到学习是一件很光荣的事，因而从心里形成一种敬学的精神。

4. 父母要培养和保护孩子的好奇心和求知欲

孩子对周围环境和自然界有强烈的好奇心和浓厚的兴趣，这种好奇心和兴趣能激发强烈的求知欲，推动他们去刻苦钻研，吸收知识的养料。如常常带孩子去参观各种展览会、博物馆，使孩子了解：生命是怎样起源的？恐龙为什么绝迹？带孩子到大自然中去观察：鸟为什么会飞？火车为什么会跑？可以举办“家庭知识竞赛”、“猜谜语游戏”等。对孩子已有的兴趣，父母应积极支持，多为他们开辟一些培养兴趣的阵地，启发他们去思考探索，提高学习的自觉性。

5. 父母不要强迫孩子学习

父母对孩子提出的学习要求，要因人而异，不能一下子提得过高过严，更不能逼得太紧，否则会影响孩子学习的劲头。如果父母提出的目标超过孩子的能力，孩子就会变得焦躁不安，信心不足，潜意识中产生不满或反抗情绪。久而久之，反而会影响学习。

6. 父母要让孩子尝到成功的甜头

如果孩子语文好，数学差，则让他先做语文作业，再做数学作业。父母辅导孩子做课外题，应由易到难，循序渐进，以增加学习信心。如果孩子真有困难，父母则应采取积极的态度，适当点拨，启发他去思考，帮助孩子提高自己克服困难的能力，但不能包办代替。孩子一旦有了成功的记录，就意味着得到一种享受，如果能常常尝到成功的滋味，也就会激起更加浓厚的兴趣。

7. 父母不要动不动拿别人作比较

孩子不喜欢父母拿他与别人比，特别是与比他强的孩子相比。如果父母老拿别人比较，孩子容易产生反抗心理，不自觉地放弃进取。父母应尊重孩子，相信自己的孩子。

好习惯12. 孩子自主选择的好习惯

成功在于选择。天才之所以成为了天才，就是因为他们选择了最适合自己发展的道路。

蔡志忠是名播世界的台湾漫画家，他的《自然的箫声——庄子说》等漫画集开创了中国古籍漫画的先河，他的诸多作品拥有数以百万计的读者，他创办的远东卡通公司在卡通界享有盛誉。蔡志忠的作品以其富含哲理和独具一格而受到广大读者包括中小学生读者的欢迎。蔡志忠成功的路上凝聚着父母的心血。

蔡志忠的父亲是一位民间书法家。他的书法在当地赫赫有名，钢笔字苍劲有力，毛笔字行云流水，逢年过节，来求字的人络绎不绝。按一般农村人的观念，父亲能写一手好字，子女不跟着学点实在可惜，但蔡家孩子包括蔡志忠似乎对书法一点也不感兴趣，父亲也没有逼子女学书法。父亲甚至还常常对蔡志忠谈起，能写一手好字并不能证明自己就是一个了不起的人物。蔡志忠小的时候，父亲从未与他认真谈过有关志向的问题，更说不上指导蔡志忠立什么远大志向了。

蔡志忠从小就喜欢看漫画书，总是想方设法地攒钱买书。那时候，蔡志忠向父亲要点零钱感到很为难，心里怕呀！他常常小声对父亲说："阿爸，给一毛零花钱吧！"但父亲常常给他两毛钱。

在蔡志忠的父亲看来，孩子应该有点钱买自己喜欢的东西，只要不乱花就行。蔡志忠童年时，向父亲要零花钱，总"只要"一毛钱，但父亲总会多给。父亲对蔡志忠的慈爱之情溢于言表。

在蔡志忠成长过程中，父亲总是把主动权让给孩子，父亲相信孩子的选择是对的，鼓励他走自己的路。

蔡志忠小学毕业后，成了全校唯一考上第一志愿——彰化中学的学生。这下可把父亲给乐坏了，似乎比蔡志忠还兴奋。父亲特地给儿子买了一个大书包，在上面用毛笔欣然写下“彰化中学”4个字——这恐怕是蔡志忠的父亲一生中难得的得意之作了。

父亲明白蔡志忠的成绩来之不易，他也相信儿子会在以后的人生道路上越走越好。

蔡志忠刚上彰化中学时，正赶上学校改建，每天只上半天课。这下可好，蔡志忠像脱缰的野马，奔向多姿多彩的漫画园地，在漫画世界里自由自在地遨游。他一有空就直扑漫画书店，一看就是大半天。回到家里，不是看漫画，就是自己画漫画，甚至在学校里，竟边上课边画漫画。由于精力未用在学习上，结果学习成绩严重下降，出现了几门功课不及格，蔡志忠遭到了留级的惩罚。这应该是蔡志忠遭受的第一次大挫折了。父亲当然非常失望了，免不了责骂他几句。但是蔡志忠的父亲并没有终日紧盯着儿子，逼迫蔡志忠必须专心读书。父亲也明白志忠不是没有资质，只是对漫画太痴迷，妨碍了他的学业。

按常理而言，作为父母，这时候一定会把儿子的漫画书全部没收，并禁止其画漫画。但蔡志忠的父亲没有采取这种强权的方式，而是在生气之余采用静观的态度，他只是希望儿子在学业上稍微多用点功罢了。留级后，蔡志忠曾决心拿出小学读书时的拼劲来。但是漫画就像一块多彩的磁石牢牢吸引住他，从漫画中得到乐趣，掩盖了作业好坏的困扰。

小学时他常常照漫画书格式铺陈故事，装订成册，在小朋友中间传阅。上了中学，蔡志忠在大量阅读的基础上也尝试自编脚本，画成作品，投到台北出版社，获得采用的几率竟很高。就在知道要留级的那年暑假，台北一家漫画出版社写信给蔡志忠，邀请他去给他们画漫画。当时对蔡志忠而言，在漫画与学业间做抉择并不痛苦，因为漫画简直就是他的生命。但父亲……是否会答应他放弃学业呢？蔡志忠心里没底。

那天晚上，蔡志忠的父亲像平常一样，坐在藤椅上看报。蔡志忠忐忑不安地走到父亲身后，轻声说："爸，我明天要到台北去画漫画。"父亲没有回头，边看报边问蔡志忠："有工作了吗？""有了！""那就去吧！"父亲说完，继续看他的报纸，蔡志忠也没走到他的面前多说什么，而是默默地走开了。或许，蔡志忠和他父亲都未曾想到，这短短的10来秒钟的对话，竟决定了蔡志忠一生的漫画之路。

蔡志忠成名以后，世界著名的《时代周刊》采访蔡志忠一家，记者问80高龄的蔡志忠的父亲："24年前，你怎么放心儿子弃学离家到台北画画呢？"他回答，对儿子的行为其实一直都很注意，知道他的兴趣和天分，"所以，我给他自由"。

蔡志忠一直记得父亲是如何对待他的。所以，对他的女儿也是这样——让孩子自主作决定。

在蔡志忠的这种教育方式下，女儿从小就十分有主见，她知道凡事不依赖父母。她很小就自己到挺远的西门时去买拼图，在家里可以画自己想画的任何东西。到了15岁那年，竟能独自一人环游欧、亚、美10多个国家和地区，尽管有些国家语言不通，但她还是顺利地去了所有想去的地方。

有人问蔡志忠怎么这么放心让孩子去那么远，他淡淡地说："我也是15岁时，父亲就放我到台北工作了。"

"我让他自由。"这是蔡志忠父亲的"家教之道"，蔡志忠一生得益于此。所以，他对女儿也像父亲对他一样去做，在家教领域留下了一段佳话。

蔡志忠的父母和蔡志忠在教育子女上无疑是成功的，他们成功的经验就是给孩子最希望的东西——自由发展的空间让孩子自己选择。这正是今天不少父母忽视或很难做到的地方。那么，父母如何才能给孩子自由发展的空间呢？

1. 相信孩子有能力处理好自己的事

自信心对每一个孩子都是非常重要的。若孩子从小就未树立起良好的自信心，将对他们今后的成长极为不利。父母表现在孩子身上的信任感对培养孩子的自信心十分有效。不少父母对孩子照顾得非常周到，从早晨起床、吃饭到上学、回家、做功课，能想到的、能做到的都替孩子包办了。表面上看是关心孩子，事实上会“培养”出孩子的依赖感。实际上，每个孩子都希望父母信任他们，凡事多让自己去尝试。常常对孩子说：“你能行！”“你是最好的！”“没有什么事能难住你！”这些话可以激励孩子。

2. 在了解孩子的基础上给孩子以自由发展的空间

父母望子成龙的心情可以理解，但我们不能把这种心态和自己幼年的种种缺憾，叠成许多包袱压在孩子稚嫩的肩上。而应该让他们尽情发挥自己的潜质。在父母们的计划、安排中，孩子很容易失去独立自主的精神，原本多姿多彩的童年也将变得沉闷灰暗。

3. 根据孩子的实际情况设立目标

应该承认，孩子之间是存在差异的。因而，每个孩子成功的目标也不应该是相同的。不要看到邻居家的孩子考试拿了第一，也要自己的孩子考第一。那么，孩子在无法达到目标的情况下，就有可能沮丧，绝望，上进心也就消失了。

4. 保护孩子的求知欲

在孩子的学习中，最强大的动力就来自孩子自身的学习动机，如果孩子自己有着强烈的学习动机，那么他的自觉性、刻苦努力的程度都会很显著地表现出来。而对于学习动机缺乏的孩子，父母更应该注意激发。可以巧妙应用奖励的策略，对于孩子在学习上付出的努力，取得的成绩，不管是多么微小，父母都及时给予肯定的评价，还可以给予一定的物质奖励，不断地进行正面强化，可以极大地增强他们的自信心和成功的感觉，促进学习动机的养成。

好习惯13. 孩子积极选择未来的好习惯

人生是由无数次的选择构成的。不同的选择，构成不同的人生。选择就是机会。选择的机会越多，越能走向成功。每个孩子对专业有不同的偏爱，父母要积极支持孩子的选择。

选择就是机会。有的选择，一生未必能碰上一次；有的选择，多年才能碰上一次；有的选择，天天都存在，时时都在考验着人。每个孩子对专业有不同的偏爱，父母要积极支持孩子的选择。

钱三强的父亲钱玄同是中国近代大文学家，从1915年起，他先后出任北京大学、北京师范大学教授。不久，参加《新青年》的编辑工作；他坚决反对封建文化，提倡白话文。他和著名学者刘半农在《新青年》上策划开展了一场新旧文学的大论战，并因此成为“五四”新文化运动中的风云人物。

钱玄同注意对钱三强从小进行爱科学的教育。在钱三强读小学时，钱玄同就让儿子读了不少课外读物，这些读物不仅丰富了钱三强的课余生活，也帮助他开阔了眼界，养成了良好的读书习惯，提高了写作能力。同时，钱玄同还教育钱三强要认真学好外语和自然科学，参加体育活动，锻炼好身体。

钱三强萌发了研究科学的兴趣之后，钱玄同就积极地给予鼓励。钱三强上中学后，有一次读了孙中山先生著的《建国方略》，书中提出要把黑暗、落后的旧中国建设成繁荣昌盛的新中国，并具体描绘了未来中国的蓝图。他读完后自言自语道："对，要使国家摆脱屈辱，走向富强，非建立强大的工业、非学科学不可。"这本书对钱三强后来的专业选择影响非常大。

钱三强中学毕业前夕，毕业后向哪个方向发展的问题便提上议事日程。此时有人对钱玄同建议说："你是搞语言文字的专家，名气又大，应当叫三强接你的班。"

钱玄同笑道："那要看孩子的态度和兴趣哩！"一天，钱玄同对钱三强说："你将来学什么，我不包办代替，要由你自己去选择。但是，对于一切事物，一个人应该有科学的头脑，应该用自己的理智去分析，研究其真相，判断其是非，然后定改革的措施。"父亲的这席话，更坚定了钱三强心中早已立下的志向。他很明确地告诉父亲："爸爸，我要学工！"钱玄同很理解和支持儿子的想法，点头表示赞许，并鼓励他报考北大理科预科班。

不久，钱三强进入北大预科班学习。不料，他首先就碰上了语言难关，因为钱三强在中学学的是法文，而北大使用的外文教材是英文。父亲怕儿子泄气，便鼓励说："目标既然确定了，就应当用艰苦的劳动去实现理想，克服困难要有一股牛劲。"在父亲的鼓励和支持下，钱三强经过不懈的努力，终于闯过了英文关。

在北大读预科时，钱三强还到清华大学旁听物理和电磁学，读了英国科学家罗索的《原子新论》，他深深爱上了原子物理。后来他考入清华大学攻读物理，并以优异的成绩毕业。

1937年，公费留学生考试在即，刚好有一个留学名额。钱玄同鼓励儿子去应考。钱三强不负父望，金榜题名。可就在出国前夕，父亲不幸患了重病，是去是留，钱三强犹豫不决。父亲看出了儿子的心事，鼓励他不要挂念家里，对他说："你学的学科，将来对国家有用，你还是出国好好学习吧！"

钱三强没有辜负父亲的期望，他学成回国，成为世界著名的核物理学家，为我国科学事业的发展做出了卓越的贡献。钱三强成长为一名科学家的过程，就是父亲不断精心培养的过程。父亲带着6岁的儿子参加五四运动游行，让儿子从小体验“改造社会”的艰辛；教育儿子从小爱科学，树立科学救国的思想和抱负；支持儿子自己做主选择专业；鼓励儿子克服语言困难；鼓励儿子出国深造。在儿子成长过程的每一步，每个重要的岔路口，都有父亲及时的引导、鼓励和支持。这就给我们一个启迪：父母关爱子女，仅仅停留于溺爱和物质的满足是远远不够的，而应重在启发、引导、扶持，积极支持孩子的选择。

让孩子积极地选择未来，我们给父母们的建议是：

1. 让孩子自己选择专业

每个孩子的兴趣不同，爱好不同，父母应当给孩子自由选择专业的权利，不得横加干涉。一些父母，眼见别人3岁的孩子就会背唐诗，也买回一本，每天口读面授，逼着孩子背诵。还有的父母，希望子女成为少年画家、书法家、乐坛“神童”，也毫不顾忌孩子的兴趣爱好以及自身的条件，把自己省吃俭用的钱抠出搞“智力投资”，但事实并不与他们的愿望成正比。

2. 及时引导、鼓励和支持

父母关爱子女，仅仅停留于溺爱和物质的满足是远远不够的，而应重在启发、引导、扶持，积极支持孩子的选择。

好习惯14. 孩子自己选择的好习惯

做自己应该做的事，对不应该做的或暂时不能做的，或者放弃，或者暂时放弃，这是人生选择中的一个重要法则。

比尔·盖茨是美国西雅图市人。中学毕业后进入哈佛大学，一年后辍学，开始从事令他痴迷的计算机事业。1975年正式创办微软公司，28岁成为全球电脑大王，曾被评为1998年度世界首富。

比尔·盖茨的外祖母对他产生过重要影响。外祖母在中学时代曾是校女子篮球队的主力前锋和班上的毕业生代表。她博学多才，思维敏捷，酷爱益智游戏，在她的眼里，玩游戏不是无意义的消遣而是技能和智力的锻炼。

外祖母很喜欢和比尔·盖茨玩智力游戏，包括下跳棋、玩筹码、打桥牌等。玩游戏时，外祖母总爱对比尔·盖茨说："使劲想！使劲想！"她也常常为比尔·盖茨下一步好棋、打一张好牌而拍手叫好。这些游戏大大地激发了比尔·盖茨爱思考的潜能。

外祖母还经常给比尔·盖茨读书、讲故事，比尔·盖茨从中受益匪浅。在外祖母的帮助与指导下，比尔·盖茨的阅读兴趣日益浓厚和广泛。

比尔·盖茨非常喜欢参加他家附近的一家图书馆举行的夏季阅读比赛，他总能得男孩中的第一名，偶尔还会夺得总冠军。他年仅9岁的时候，已经读完了《百科全书》，11岁的时候，就因背诵《马太福音》中冗长而晦涩的《登山宝训》全文而获奖。

外祖母早已意识到比尔·盖茨在思维与记忆方面超乎常人的潜能，她总是利用各种机会去激活他这方面的潜能。当祖孙俩一起在公园散步时，外祖母常会与比尔·盖茨交流棋艺或看了某篇佳作的体会，培养他的思考能力和表达能力。正是在这种磨炼中，比尔·盖茨一天天成长起来。

比尔·盖茨的父母也十分关注儿子的成长。父亲是律师，母亲是教师，他们都是西雅图市颇有名气的人物。比尔·盖茨的父母在工作之余总是尽可能与孩子们待在一起，一家人不断做各种游戏，从棋类到拼图比赛，几乎所有的益智游戏都玩遍了。

随着年龄的增长，家庭环境已越来越无法满足比尔·盖茨的进一步发展了。于是，父母开始把目光投向社会，寻找能激活儿子潜能的更广阔的舞台。读小学六年级时，比尔·盖茨在父母的帮助下参加了西雅图的当代俱乐部。在这个俱乐部里，聚集了许多聪明的孩子，他们常常讨论时事、书籍和其他问题。在这些活动中，比尔·盖茨常以独到而深刻的见解博得大家的喝彩。另外家里人还支持比尔·盖茨参加各种有益的活动。

比尔·盖茨小学毕业后，父母在他是该读私立中学还是读公立中学的问题上进行了认真分析。由于比尔·盖茨在小学时就是一名不太“安分”的学生，父母希望儿子在新环境中能养成良好的学习习惯，生活上有纪律约束。当时，西雅图有所私立中学，名叫湖滨中学，该校环境优美、师资力量雄厚、纪律严明，这所学校比较符合比尔·盖茨父母的要求。

比尔·盖茨开始不愿意去，他认为湖滨中学的校规校纪太严格，对人约束过多，但当他听了父母对湖滨中学优越的学习条件的分析后，还是同意了。

在湖滨中学，比尔·盖茨虽未改掉那些所谓的“坏毛病”，但他的数学天分得到了进一步发挥。也正是在那儿，他迷上了令他倾注毕生精力的计算机。比尔·盖茨常按自己的兴趣来对待学习，凡是他喜欢的课程，他就狠下工夫，学得十分出色，反之，就一般性地对付。

父母每次看了比尔·盖茨的成绩单后，尽管他们知道儿子的某些课程还可以学得更好些，但他们从不责备儿子。因为他们知道，儿子不是不用功，只是不愿在不喜欢的东西上浪费时间罢了，他把自己的才智和心血都用在了刀刃上——他喜欢的数学与计算机上。

比尔·盖茨中学毕业时，很想到哈佛大学读书，这也正是父母的最大心愿，因为他们清楚，只有哈佛这样的世界一流大学才能使儿子受到最好、最全面的教育，他的天赋才能被充分激活。但是在专业选择上，父亲与儿子却发生了分歧。比尔·盖茨的父亲在美国律师界的声望很高，他非常希望儿子能继承父业，但比尔·盖茨却对学法律当律师不感兴趣，他最感兴趣的是数学和计算机。

所幸父母是很开明的，当他们发现儿子对当律师毫无兴趣后，意识到若强迫他学法律，只会扼杀他在计算机方面的特殊天赋，对他的发展极其不利。所以，父母放弃了原来的想法，决定让儿子在大学里自由发展。不料一年后，他们遇上了更加棘手的难题，原来比尔·盖茨要离开哈佛，与别人一起创办计算机公司。父母百思不得其解，一开始极力反对，他们认为在哈佛大学求学对一个人来说非常难得且重要，中途放弃实在可惜。为了让儿子放弃退学的想法，父母甚至拜托他们的好友、一位十分有名望的企业家劝说自己的儿子。

比尔·盖茨的这次选择，改变了他的一生，奠定了他的计算机事业的基础。比尔·盖茨是当之无愧的电脑英雄，他创造了人类创业史上的一个神话。比尔·盖茨的成功是个人天赋与家庭教育共同作用的结果。

比尔·盖茨从小就表现出过人的天赋，外祖母循循善诱的启蒙式教育和父母不辞辛苦地寻找适合他天赋发展的社团和学校，为比尔·盖茨天赋的发展提供了肥沃的土壤，使它能顺利地生根、开花乃至结果。仅仅发现孩子的天赋是不够的，更重要的是要善于保护和培养。比尔·盖茨是幸运的，他在选择学校、选择专业以至选择退学上最终都得到了父母的理解和支持。正是这无数次正确的选择，使比尔·盖茨的兴趣和天赋与他的事业找到了最佳的结合点。试想，如果当初比尔·盖茨屈从父母的意愿去学习法律，那电脑界无疑会失去一位叱咤风云的英雄。一次选择有时就可能决定一个人的命运，尊重孩子的选择就是爱护孩子的未来。有时候，孩子的选择可能会与父母的观念发生冲突，这时候，我们应当把主动权交给孩子，更多地从孩子的志向与内在潜质出发去尊重孩子的选择。

当孩子选择了自己喜欢的专业后，父母要积极支持孩子的选择，多给孩子鼓励。

那么，父母如何尊重孩子的选择呢？

1. 支持孩子的选择

如果孩子决定了的事，父母可以提一些参考意见，但不要强求，要尊重孩子的选择。

2. 让一切顺其自然

父母在孩子的成长过程中身负重任，既要收得拢，又要放得开。这是个高难度的动作。也就是说，该提醒时提醒，该自由时给予自由。

好习惯15. 孩子乐于成功的好习惯

成功使人快乐，失败使人沮丧。成功绝非依赖于金钱，也非靠父母的溺爱。积极勤奋的努力和不计成败的洒脱是成功的两翼，父母要将成功的信念注入孩子的血液中。

成功的习惯在于一次又一次地对自己给予肯定，而不是局限于某件事情的完成。教育孩子学会做人，是培养成功习惯的关键。山东省莱阳市食品厂退休干部左玉银几天内同时接到了两个在国外留学、攻读博士后的女儿的来信，信中分别向父母汇报了各自的学习情况：在美国留学的大女儿左巍刚刚在一次会考中获得全校第一名的优异成绩；在荷兰留学的二女儿左岩则获得了全校最高奖学金。她们姐妹俩是北大历史上唯一一对，也是中国高等教育历史上唯一一对姊妹博士后。她们为何能双双取得这样骄人的成绩呢?

1999年7月6日，对于左玉银一家来说，是个难忘的日子，他的两个女儿左巍、左岩同时在北京大学获得最高学位——教育学博士和语言学博士。对于两个女儿的成长，母亲陈瑞华最大的感受是一定要抓好孩子的学前教育，利用多种方式教育孩子。

大女儿左巍1971年出生，小女儿左岩1973年出生。而这两个女儿都是陈瑞华带大的。当时，左玉银在部队，不能常常回来。所以，照顾和教育两个女儿的任务全部落到母亲陈瑞华一人身上。

俗话说，知女莫过母。对两个女儿的每一点进步，陈瑞华都是非常清楚的，她对两个女儿的不同特点，分别施教。大女儿左巍学习上有时飘一点，虽然成绩一度不错，但有时不扎实，常常出些小差错，但左巍也有个特点，就是大人抓得紧一点，她的学习成绩就稳定一段时间。有时考试成绩不理想，陈瑞华并不批评她，而是和风细雨地帮助左巍分析原因，找出不足。每次陈瑞华一说，左巍的成绩就上去了，说了几次之后，左巍成绩便稳定下来了，并且每次考试总是第一、第二。

与姐姐相反，妹妹左岩学习扎实，但有时就是对自己没有太大的自信心。成绩好，老师又惯她，年龄又小。左岩的英语成绩挺好，学校准备推荐她参加全省英语比赛。可左岩一想到全省比赛，就有点发怯。陈瑞华得知这一情况后，就让女儿给老师讲，每次上课前，留出5分钟让她在同学面前到讲台上讲英语，陈瑞华怕左岩考试时一下子紧张说不出来。老师对这个建议答应了。等到了烟台参加考试时，看到人家的设备、师资都比自己学校好，左岩心中又有些活动，回家后给陈瑞华讲："妈，咱们根本不行，条件太差。"陈瑞华对女儿说："你能行，条件好坏只是一个方面，你应该对自己有充分的信心。"考试结束了，左岩得了第一。陈瑞华故意逗她："你不是说咱们条件差吗？"左岩不好意思地说："妈，别提这些了。"陈瑞华说："无论什么时候，都要对自己有自信心。"

左巍、左岩在母亲的教诲下，学习成绩突飞猛进。1988年，老大左巍考上了潍坊医学院师资专业。一年之后，左岩又以理科烟台第一、全省第二的好成绩考上了解放军洛阳外国语学院。

左岩来到解放军洛阳外国语学院后，立刻在同学们中引起了轰动，每年考试她总是第一，在其英语专业中，左岩以全院第二的成绩通过8级统测，那一年左岩才19岁。1993年，左岩毕业了，分配问题迫在眉睫。这时，总参外事局来学院选调毕业生，左岩作为唯一人选被选中。能去外事部门，这在多少人眼中是个求之不得的好机会。而左岩却执意申请留院考研。左岩把自己的决定写信告诉了父母。本来父母是希望女儿毕业能回到自己身边。对女儿的选择，父母投了赞成票，陈瑞华给学校领导写了一封信，信中深情地说："孩子是我们的，也是你们的，把孩子送到军校，我们一百个放心，我们支持孩子的选择……"1993年，左岩以411分的高分，考取了外院硕士研究生，并创外院考研成绩最高纪录。

对左岩考研究生，左玉银、陈瑞华夫妇心中是有思想准备的，而大女儿左巍考取南京医科大学硕士研究生，则给了他们一个"突然袭击"。医学院都是5年制，左巍与左岩同一年大学毕业。妹妹考研究生时，左巍也曾对陈瑞华流露出想考研究生的念头，可陈瑞华对她讲，妹妹已决定考研究生，父母年龄也越来越大，想留一个女儿在身边，既然大学毕业了，就在就近找个学校当教师，教书育人，有个女儿在身边，父母心中也踏实一些。左巍当时没有说什么，便同意回到父母身边当教师。随后就是在烟台、莱阳等地中专学校找接收单位，最后接收单位也找好了，只等毕业后报到上班就行了。谁知，有一天，左巍对陈瑞华讲，想出趟远门，陈瑞华问去什么地方，左巍讲是南京，陈瑞华问左巍去南京干什么。左巍这才吞吞吐吐地"坦白"了自己参加了研究生考试，因为成绩突出，已被南京医科大学录取为硕士研究生，这次去南京是参加面试。左玉银、陈瑞华老两口这才恍然大悟。这一对宝贝女儿算是一个也留不下了，去就去吧。问到左巍为什么考研究生时，左巍对父母讲，妹妹考研究生，姐姐也不能落到妹妹后面，否则也太没面子了。望着面前的女儿，老两口不禁笑了，考研究生是好事，何必对父母"保密"。

三年的硕士研究生毕业，左巍与左岩又给了她们父母一个"惊喜"，1996年双双以优异成绩考取了北京大学的博士生。按照惯例，硕士研究生毕业后必须工作几年才能考博士生，然而，左巍和左岩的学习成绩在同龄人中实在是太优秀，洛阳外国语学院和南京医科大学不约而同地破例批准了姐妹俩硕士研究生毕业直接报考博士生。

春秋几度，1999年，左巍、左岩姐妹俩又以优异的成绩，从北京大学博士生毕业。由于她们的学术成就，姐妹俩被获准去国外攻读博士后，左巍去了美国，左岩去了荷兰。她们在国外给爸爸妈妈的信中说："永远忘不了父母养育之恩，待学业有成就，一定回去报效祖国，孝敬父母。”看着女儿的来信，左玉银、陈瑞华笑了，女儿大了，女儿懂事了。左巍、左岩出国前，特意请父母去了一趟北京，姐妹俩身穿博士服，在北大校门前，幸福地依偎在父母身边合影留念。

人们相信，传统的好学生往往能获得传统的成功，但我们也反对千篇一律，同时也需要遵照应有的规律。比尔·盖茨不是个传统的好学生，爱迪生也不是传统的好学生，海明威更谈不上传统，但是他们却利用创造性的大脑为人类创造了巨大的物质财富和精神财富，这是值得父母用心思考的。

培养孩子乐于成功的习惯，可以从以下几个方面着手：

1. 让孩子把简单的事情重复做，即使每天进步一点点，也要及时鼓励，多示范，少指责

2. 对孩子要有信心和耐心

3. 尊重孩子的想法，正确估计孩子的潜在能力，鼓励孩子多作积极的自我评价

4. 教孩子学会放松自己

可从教孩子深呼吸开始，让孩子体会到深呼吸的感觉，然后让孩子想象一件能使他全身处于放松状态的事情，一直到孩子的心情完全平静为止。情绪安宁有助于孩子排除一切干扰，沉着镇静地面对挑战。

5. 要将成功的信念注入孩子的血液中

“我相信我能成为一个好学生。我相信我能取得成就。我相信如果我努力去做就会成功。所以，我每天都将尽自己的最大努力去进取。我有能力学习，我一定去学。”这是需要家长为孩子树立的成功信念。

第三章

不断自我完善是学有所成的保证

——订计划和自我完善学习习惯的培养

好习惯16. 孩子制订学习计划的好习惯

学习是场持久战，是场马拉松，是从一砖一石开始累积起知识的高楼大厦。战争要有整体的战略方案，长跑要平均分配体力，盖楼要先有蓝图。同理可知，学习也离不开合理的计划。

兰兰在学习上非常刻苦，成绩却一直上不去。她最大的问题就是没有计划，东一榔头西一棒槌，像没头苍蝇一样。学习的效果自然也跟狗熊掰苞米一样，捡了这个，丢了那个。

人对于知识的掌握和记忆都是有一定规律的，一次记忆不了太多的内容。而兰兰一忙起来，就搞临时突击，恨不得一个晚上把整本书都通读一遍。力没少出，效果却不理想。越看越觉得自己什么都会，一考试就发现什么都不会。她平时学习不注意对知识的积累和巩固，一到考前就临时抱佛脚，完全是凭临时加深的印象来应付考试，一考完就忘得一干二净。时间一长，学得多，忘得也多，临时突击的作用就越来越小。真碰上大考，成绩一下子就下来了。

不爱订计划还有一个问题，就是心里对自己没底，看什么都觉得眼生，自信心越来越差，临场发挥也总是没有状态。拿兰兰来说，因为平时学习没有系统，只知道抓知识点，最终头脑里还是没有把知识全连接起来，没有形成一幅活的知识结构图，考前就总是觉得自己有漏洞。这是一种典型的被动式学习，根本不知道要在自己的心里建立知识库，好像是在为别人学，效果当然就差，不管学了多少，都会很快忘掉。

兰兰很出力还是学不好，逐渐就觉得自己比别人笨，也不相信自己的成绩能赶上别的同学。结果，就因为学习方法上的问题，耽误了她自己的前途。并且，这种自卑感将跟随她一生，为她带来无数的挫折。

好的计划是成功的一半。

小林的成绩非常好，而且看上去学得一点也不吃力。她最常说的一句话是：学习应该是快乐的事，学习是为了增加快乐，而不是让快乐越来越少。事实上，在班里她也是最爱笑的人，时不时还来点小小的恶作剧。一到课堂上，她的眼睛就放光，举手最多的就是她。

别的同学看她学得这么轻松，简直羡慕死了，纷纷向她请教。她则拿出了一张计划表说："我全是靠它。"她的计划和别的同学不一样，每天都用荧光笔标出了大大的"休息"和"玩"，她说：为了保证自己的自由活动和玩的时间，我必须提高学习的效率，学得越快，玩的时间越多。

在学习的部分，她从来不写学习的时间，写的是效果，最多的是"理解"、"运用"和"熟练掌握"等字样。别人每天回家先写作业，她则先复习课堂上做的笔记，对照书里的例题，看明白了再写作业，就能十分轻松地做完了。每天写完作业，她只用10分钟的时间，把新的和旧的知识点都画到一张结构图上，是完全不看书画下来的，画的时候就等于把以前的知识温习了一遍，同时把新知识和旧知识有机地联系了起来。

在计划表上，每天还留出了半个小时的时间，用来补漏洞。她把所有测验和作业中错过的题，都单独抄到一个本子上，每天补漏洞的时候，就从里面挑题目做，故意挑那些看起来比较生、印象不是很深的题，做对一次打一个钩，做错一次打一个叉，当一道题目能连续得到三个钩，她就认为自己彻底掌握，就再也不会去碰它了。

对家长提出以下几点建议：

1．学习计划应该由孩子自己来制订

计划是需要自己来执行的，一定要由孩子自己来订。家长可以与孩子一起讨论，但最终的决定权一定要交给孩子。让孩子觉得这不是家长强迫自己在学，这是自己对父母许下的承诺，一定要努力完成，不让父母失望。

2．学习计划要重视效果

许多学生的计划总是重视学习时间，不重视学习的效果，容易导致有数量没有质量。家长可以要求孩子做学习计划强调效果，要设定可以检验的目标，家长定期检查。如此，孩子就能跳出读死书的怪圈。

3．计划要注意劳逸结合

过长时间集中注意力，会导致学习的效果下降。所以，学习计划要留出休息时间，适当的放松才能保证学习的质量。作为家长，在孩子放松的时候可以陪他共同娱乐，即使每天只有10分钟或半个小时，也能很好地调节情绪，给孩子带来新的学习动力。

4．完成计划要给予奖励

如果孩子能够完成计划，家长可以适当给予奖励。奖励的内容最好征求孩子本人的意见，可以在周末陪孩子去游乐园，可以陪孩子吃一次麦当劳，也可以在经济条件许可的情况下，给孩子买一件他喜欢的礼物。奖励是一种父母为孩子庆祝的方式，一定要让孩子体会到父母的欢乐。

5．学习计划要注重新旧知识的衔接

为了避免学了新知识，忘了旧知识，学习计划要特别强调把新学到的知识和已经掌握的知识联系起来。画知识结构图是一个好办法，家长可以要求孩子对自己讲解图上各个知识点之间的关系。

6．学习计划是为了帮孩子增强自信

家长一定要注意，学习计划不是为了给孩子增加压力、增加负担，而是为了提高学习效果，减少负担，增强自信心。一定要把学习计划看成是鼓励孩子的手段，在执行计划的过程中要用尽一切办法鼓励孩子。

好习惯17. 孩子及时调整学习计划的好习惯

俗话说得好：计划赶不上变化。人是活的，计划是死的，当实际情况出现了变化，根据需要及时调整计划，也是十分必要的。当学习出现了偏科，就应该花更大的力气来弥补自己的不足；当因为生病等原因无法保证学习时间，也应该对学习计划进行调整，尽快把落下的科目补上。

这是一个学生的真实经历，因为计划不知变通，惹出了麻烦：

那天是周六，我依然早上6点起床，等穿衣洗漱完毕，便像平常一样收拾好书包坐到妈妈已经准备好了的饭桌前。早餐基本是固定的样式：一杯牛奶，一个煮鸡蛋，两块面包。可是那天我“出奇”地发现了一个问题：每天由妈妈完成的一道工序，这天不知怎么被忽略了：鸡蛋壳竟然没有剥好！于是我便大惊小怪地叫起来：妈，这让人怎么吃呀！快来快来！

妈妈正在忙着给准备外出的爸爸找衣服之类的东西，被我这么一叫便赶紧从里屋往小餐厅走。“啥事？”妈妈神色显得很紧张地问我。

我像老爷似的伸伸脖子，冲着桌面上的东西说：“你看，鸡蛋壳还没有剥呢！”

妈妈突然感到自己像做错了什么事似的，嘴里连声说着：“哟，我咋把这事忘了！”说着就动手剥起蛋壳。妈妈的手动了几下又忽然停了下来，怒发冲冠地对着我大喝一声：“你死人啊？这么大的人怎么连个鸡蛋壳都不知道自己剥一剥呀？”

我呢，死心眼一个，眼睛瞅着墙上的那只挂钟，嘴里却不自觉地吐出了这句不该说的话："我是死人吗？你没看时间都过了5分钟呀！我要迟到了你知道不知道？"

这时，我见妈妈一下像泄了气似地瘫倒在地，双手拍打着自己的双腿，悲切地哭嚎起来："我这是作的什么孽呀！你这个臭小子，我……我要是死了你怎么办呀？呜呜呜……"

妈妈的哭声把我唤醒了：是啊，我都18岁了，难道为了上大学就变成一个连鸡蛋壳都不会剥的寄生虫了？假如是这样，我上大学又有什么用呢？对得起辛勤的父亲和善良的母亲吗？我仿佛一下子从多年养成的恶习中醒悟，抖着双手将瘫坐在地的妈妈扶起，并对她说："妈，是我不对，以后我自己剥鸡蛋壳。"妈妈一听，愣了半晌，然后破涕为笑，说："不怪你，是妈耽误了你的时间。"说着又站起身麻利地为我剥着鸡蛋壳。此情此景，让我眼泪忍不住哗哗落下，"哇"的一声扑在了妈妈的怀里……

小岩的学习计划也受到了意外的干扰，他的处理方法就不一样了。他是在一次滑冰的时候不小心把脚扭了，在家里躺了一个礼拜。那是在初二，学习十分紧张。谁都知道，耽误一周的课程是非常大的损失。他面临的最大问题就是怎样能在病好后跟上学校的进度，不要越落越远。

他躺在床上十分着急，原来的学习计划肯定不能继续用了。他一咬牙，下决心，拼了！他决定自学，把教材、参考书和习题集摆在床边，一门一门地攻。先读教材，再看参考书，最后做题。他想，上课学习的目的也不过是为了做题，只要能把题做会了在家里自己学也一样。

结果，他的这种自学方式比在学校听讲的效率还高。在学校，老师要照顾到水平不同的同学，讲的进度就不会太快，有时候他明白的问题老师会翻来覆去讲，有时候他没听懂的，老师反而一笔带过。自学就不一样了，注意力更集中，学习的兴趣更浓，效率更高，时间当然也就更充足了。结果，他不光把习题集的相关题目都做了一遍，对那些做错的题目还能从头再做一遍，直到做会为止。对于实在想不通的问题，他会记下来，晚上给同学打电话请教。

病好之后，别的同学要帮他补课，他摇摇手说：不用，我已经都学了。到测验一看，他的名次不但没有下降，反而上升了。老师让他介绍经验，他说："非常感谢这次生病，让我学会了自学，我这才知道学习能有这么多的乐趣。"

对家长提出以下几点建议：

1．在计划中留出机动安排的时间

在每天的学习计划中，应该至少留出半个小时，作为机动安排。主要是用来回顾与复习，把前一段时间学到的知识点串起来，整理成一个系统，以加深印象，更牢固地掌握，把基础打得更坚实。

2．根据各科成绩，合理调整时间安排

学习过程中常常会出现个别科目拖后腿的现象，这时就需要在计划安排上有所侧重，在成绩差的科目上多花一些时间。最好是在不影响正常计划的前提下把机动时间用来查漏补缺，每天至少要解决一个问题。

3．计划的修改要由家长和孩子共同讨论

当临时的弥补不能从根本上解决问题，就需要修改计划。最好能由家长和孩子一起讨论，重新调整各科目的时间安排，在保持好科目成绩不退步的前提下，尽量多分些时间给不好的科目。

4．每个学期要对学习计划的执行情况做一次总结

学期结束，根据考试成绩家长可以和孩子一起讨论，原来的学习计划是否得到了很好的执行，有什么具体的问题，在新的学期应该如何调整。切忌粗暴干涉，一定要在讲明白道理的前提下，双方协商决定。

5．根据突发事件，及时调整学习计划

当孩子出现生病等突发情况，家长应立即和孩子协商讨论，共同制订出新的学习计划，在最短的时间内把落下的功课补上。原则上是不要被突发事件打乱学习进度，如条件许可，生病期间家长应该多抽些时间陪孩子共同学习。

好习惯18. 孩子不断积累知识的好习惯

学习，与其说是在知识的海洋里遨游，倒不如说是接受知识的洗礼；与其说是人掌握和运用知识，倒不如说是知识把人改变。正因为我们每个人都不够完善、不够好，因此才需要通过学习来重新塑造自己，让自己脱胎换骨，从丑小鸭变成白天鹅。

王鹏非常聪明，从小学就上奥林匹克数学学校，一有竞赛就参加，一参加就得奖，每回的竞赛名次都是全年级第一，只有一次是和别的同学并列第一。可就是这么聪明的孩子，平常的代数几何却学得一塌糊涂，在班里也只能排二十几名。正是因为别人都夸他，让他自己也觉得自己了不起，平时上课都不爱听，心想，我这么聪明，考前临时突击一下就能过关。

高一第一个学期，他在班里还是前10名，可往后越学越差，就像坐上了滑梯。每次考试他都临时突击，以为自己能找到捷径，而成绩就像一记耳光，狠狠地扇到了他的脸上。几何老师专门找他，劝他端正态度，苦口婆心跟他说：你要是这么耽误，就太可惜了。而他还是照旧，老毛病就是改不了。

有一次物理课，他认真听了5分钟，老师出了一道特别难的题，全班就他一个举手，站起来就答对了。后来，老师就跟别的同学说，像王鹏这么聪明，不认真听讲还及不了格，你们再不学就更不行了。结果别的同学都很努力，王鹏却没有吸取教训，还到处跟人说，我高中三年就听了5分钟物理课，就能答出一道难题，一副洋洋得意的样子。

他的问题是把学习看成应付差事，当成苦差事，能躲就躲，既没有养成积累知识的习惯，也没有从学习中找到乐趣。他在高中时最喜欢去北京大学，找那里的学生玩，北大中文系的朋友跟他说，你和那些同龄人可不一样，你应该来我们学校，不然就太可惜了。而他呢，最后什么大学也没考上，最终失去了深造的机会。

吴灿不是特别聪明，最终却考上了重点大学。她对学习的态度，就和王鹏截然相反。从小，吴灿就爱琢磨事，喜欢装个舰船模型，做个收音机。什么玩具到她手里，都能拆个七零八落，然后自己再慢慢想办法装，连手表她都拆了不知道多少遍。

爸爸抓住她好奇心强的特点，跟她讲：学校里的每一门课程都是一扇门，背后有一片非常广阔的世界。学习不是光知道课本知识就够了，那只是一个引子，目的是要引导你去探索门后面的世界。从那以后，吴灿就明白了一个道理，用成语讲就是“学海无涯”。她开始看课外书，里面的知识比课本更深、更广、更生动，遇到不会的问题，她甚至会找来大学的教科书自己查找。用他的话说，大学课本里讲的内容和中学一样，就是前因后果说得更清楚，更有意思。

为了保持住对学习的兴趣，让孩子养成积累知识的习惯，父母真是煞费苦心。在家里，谁也不许提“做题”这两个字，大家约好了，管做题叫“打游戏”，做对一道题叫“过关”，全做对了叫“通关”，做错题叫“挂了”。这么做的用意就是让孩子不要对考试形成太大的心理压力，而是像对打游戏一样有一种兴奋的情绪。爸爸最常说的一句话就是：“任何笨鸟都能通关，只有最快通关的才算骨灰级玩家。”这让吴灿不断提高学习效率，赢得了更多积累知识的时间。

逐渐地，吴灿不光知识面更广了，而且眼界更宽了，应考能力也得到了大幅度提高。更重要的是她再也不会为考试发愁了，真的把做错题看成了好事，能从中吸取教训，找到自己的不足。她自信地说：每错一次，我心里那张知识的网就能补上一个漏洞，总有一天，我可以做到“天衣无缝”，一个漏洞也没有！

对家长提出以下几点建议：

1. 帮孩子找回学习的快乐

如果你的孩子把学习看成苦差事，父母就有责任帮他改变看法。应该抽时间陪孩子一起复习，共同讨论疑难问题，同时营造欢乐的气氛。只有在欢乐中学习，孩子才能有兴趣不断积累知识。

2. 陪孩子去买课外书

在周末休息时间，家长可以陪孩子一起逛书店，为孩子买课外书。除了知识性读物之外，像《哈利波特》、《还珠格格》一类的畅销书也可以适当考虑，因为书中的主人公往往具备很多优秀品质，可以让孩子以他们为榜样，为自己定下更高的目标。

3. 陪孩子一起看课外书

家长应该买一些与课程有关的课外书，尽量挑那些趣味性强的和孩子一起看，一起交换读书心得。尽量在欢乐的气氛中多说“真有意思”这样的话，逐渐打消孩子对学习的恐惧心理。

4. 学习计划中留出看课外书的时间

为了让孩子在每天的学习中都能得到快乐，应该在学习计划中留出课外书的阅读时间，要求孩子在书里标出自己觉得重要和有趣的内容。如此，每天看课外书的乐趣，可以成为推动孩子提高学习效率的一种动力。

5. 与孩子交流读书心得

家长应该抽出时间看孩子的课外书，和孩子一起交流读书心得。父母应该以平等的态度谈出自己的看法，询问孩子的想法。友好融洽的气氛能让孩子体验获得更多知识的乐趣，更好地理解父母的观点，接受父母的告诫，还能加深相互之间的感情。

6. 引导孩子遇事多问为什么

求知欲是积累知识的动力。家长应该鼓励孩子的求知欲，遇到自己不能解答的问题可以让孩子上网查找资料自行解决。当孩子对某一科目产生厌倦情绪时，家长可以用友好的态度多问孩子和课程有关的“为什么”，引导孩子重新产生兴趣。

好习惯19. 孩子保证学习时间的好习惯

学习是一种生活方式，选择用学习的方式来度过自己每天的时间，让自己在青少年时像海绵吸水一样，吸收尽量多的知识，开阔自己的眼界，最终成为一个与众不同的人。

小钟玩心很重，注意力难以长时间集中，心思老不在学习上。电视中一有什么好节目，他就千方百计过去看，父母不让，他就发誓，我今天的学习任务保证完成。结果，等看完电视，他也累了，作业写不了多会儿人就已经打瞌睡了。爸爸要让他坚持做完，但妈妈心疼他，想让他早点休息，结果他又跟父母许诺，我明天早上早点起来，抓紧时间把作业做完。而真到第二天早上，他又赖在床上不肯起，等好不容易磨蹭起来了，又到了上学的时候。

后来爸爸订了一个规矩，晚上作业没写完绝对不许看电视。结果，电视他是看不上了，却又迷上了武侠小说。他还把书放在抽屉里，打开抽屉看书，桌面上放的是课本和作业。要不，就在抽屉里放一个游戏机，抓紧时间偷偷玩；桌上还放一个镜子，是为了从镜子的反光观察父母有没有进屋。爸爸发现了几次，没收了游戏机和好几本书，连镜子也收掉了，结果他就把眼镜摘下来，从眼镜的反光来观察门口。

小钟的问题是自己没有从心里面认识到，学习是为了自己。父母虽然逼得很紧，但这却形成了一场无休止的猫捉老鼠的游戏，好像孩子是为父母学的。事实上，学习是自己的事，如果孩子不能从自己心里面下决心，任何管教都不可能起到真正的作用。

正因为没有把学习看成是自己想做的事，小钟才会千方百计偷懒，好像从苦役中逃脱一样。结果，每天偷一点小懒，时间一长，成绩上就落后了一大截，而且再也追不上别的同学了。积累知识，其实就像打造一根链条，只要一个环节脱落了，后面的就很难再连上，再怎么学，也难以形成整体的知识结构，只能成为一盘散沙。

溪雨在学习上很轻松，课间就好好地休息，中午通常都午休，吃完晚饭通常也不是立刻捧起课本，而是先适当休息十几分钟。她晚上从来不熬夜，每天早睡早起，而且早上也不像别的同学那样，只知道捧着书苦读，而是天天坚持出去跑步。

她的学习计划，完全是自己制订的，执行过程中完全不需要父母监督，完全靠自觉。每天放学前的晚自习，她不是像别的同学那样先写作业，而是先把当天的学习笔记过一遍，看看有没有什么不理解的地方，有问题就向同学请教。放学的时候，别的同学已经写完一半作业了，而她虽然写的没有别人多，却已经把当天学到的知识消化吸收了一遍。因为基本都理解了，写作业的时候就更快，通常能在两个小时以内写完，最后再把当天的课程复习一遍。

正是因为学得比较扎实，因此老师讲新课的时候她理解吸收得更容易，课堂上也常常举手回答问题。期末考试的时候，她得了全班第一。老师让她介绍经验，她说："很多同学都学得比我辛苦，花的时间比我多，但效果不一定是最好的。无论作业再多，我每天都坚持要把当天学到的知识复习两遍，尽量把自己的漏洞补上，这个习惯从来没有间断过。结果越往后学，就觉得越轻松。"

溪雨的学习方法可以用一句话概括，就是每天保证复习的时间来巩固自己学到的知识。在十分紧张的学习生活中，这确实是一种简便易行的办法，只要能坚持下来，会学得越来越轻松。

对家长提出以下几点建议：

1. 为孩子执行计划的情况做出详细记录

当孩子订出学习计划，父母一定要严格监督。当孩子违反计划时，父母应该做出清晰的记录，告诉孩子，这是不守信用的表现，不管你多有本事，只要没有信用，别人就不敢跟你合作，最后路只能越走越窄。

2. 适当给予奖惩

当孩子能坚持每天保证学习的时间，家长应当隔段时间适当给予奖励。如果孩子不能保证学习的时间，家长可以用减少零用钱等手段来作为惩罚。奖罚条件，应当跟孩子共同协商决定，得到孩子的认可。

3. 家里实行公司制

在学习上，可以采用公司制度，父母当老板，孩子当员工，孩子的工作就是学习，每天必须保证一定的学习时间。当孩子不能完成工作，必须对老板解释，并给出改进错误的方案。这样，可以让孩子了解社会规则，从小严格要求自己。

4. 陪孩子学习

当孩子的心思不在学习上，出现厌倦情绪时，家长可以陪孩子一起学习，以保证他的学习时间。做题时，可以让孩子说出自己的解题思路，家长不断提问，促使孩子深入思考。复习时，可以让孩子给父母讲解学到的知识，父母通过不断提问，来检查孩子知识上的漏洞。

5. 让孩子汇报成果

当孩子说他已经提前完成了学习任务，知识都已经掌握了，父母可以要求孩子向自己汇报。在孩子讲述的时候，父母要不断提问，来考察孩子是否对知识已经全面掌握。这种汇报也是一种复习，能够帮孩子加深理解。

好习惯20. 孩子求知欲强的好习惯

想要考大学的学生，似乎都被绑上了战车，只要咬牙熬到终点就有希望，有没有求知欲并不重要。然而，从做题的角度而言，学校普遍追求的是一种条件反射式的训练，但为了拉开分数的差距，题目越来越强调独立解决新问题的能力。单凭题海战术只能让孩子受苦，并不能让他在新的问题面前给出正确答案。

求知欲，实际就是掌握知识的能力，在自己的心里编起一张知识的网，并通过不断的学习来弥补漏洞。只有凭借强烈的求知欲，孩子才不会在无边的题海中迷失方向，真正在高考中考出高分。

许多孩子被学习的重担压得失去了眼中的光彩，同时也失去了对一切知识的兴趣。这样的例子屡见不鲜，重者可能患厌学症，对学校、对书本都有非常强烈的抗拒心理；轻者也会在繁重的学习中不知所措，成绩越来越差。失去求知欲，会带来很多可怕的后遗症，譬如：

一问三不知。这种情况是因为对知识不感兴趣，左耳进去右耳出来，知识根本无法储存进大脑，即使勉强装进去了，在需要用到的时候，也无法正常提取出来。

屡做屡错。做错题后，听老师讲解的时候，当时似乎能明白过来，但因为缺乏求知欲，老师讲的内容并没有在心里留下来。因此，下次面对同样的问题，还会犯同样的错误。

走神。既然没有求知欲，无论听讲还是做作业，精神都很难集中，十分容易受外界的打扰。这样的孩子，学习效率更差，成绩也很难提高。

贪玩。对知识失去兴趣以后，就只剩下对于玩的兴趣了，当然会贪玩。他们会在课本里夹漫画，会上课听歌、打游戏，回家复习的时候，也会把武侠小说藏在抽屉里，拉开抽屉偷看。如果心思不在学习上，家长再怎么严格管理，都不会有实际作用。

每个孩子都有独一无二的天赋。当孩子失去了求知欲，同时也就等于是放弃了自己的天赋。他的天赋没有机会得到挖掘，被白白地浪费了，这是十分可惜的事。

在美国，一个小学六年级的学生，曾经碰到过这样一份作业："你认为谁对这场战争负有责任？""你认为纳粹德国失败的原因是什么？""如果你是杜鲁门总统的高级顾问，你将对美国投放原子弹持什么意见？""你是否认为当时只有投放原子弹一个办法去结束战争？""你认为今天避免战争的最好办法是什么？"……

父亲的第一个反应就是，"这哪是作业，分明是竞选参议员的前期训练！"然而，这个父亲并没有立刻抱怨，而是静下心来寻思其中的道理。他发现，老师正是在这一连串设问之中，向孩子们传输一种人道主义的价值观，引导孩子们去关注人类的命运，让孩子们学习高屋建瓴地思考重大问题的方法。这些问题在课堂上都没有标准答案，它的答案，有些可能需要孩子们用一生去寻找。

父亲看着12岁的儿子为完成这些作业兴致勃勃看书查资料的样子，不禁想起了当年自己学"二战史"的情形：按照年代、事件死记硬背，对书中的结论明知迂腐也当做圣经，不然就无法通过考试，拿不到文凭。他不由得发出了一声感叹："我们在追求知识的过程中，重复前人的结论往往大大多于自己的思考。而没有自己的思考，就难有新的创造。"

这个例子说明，求知欲来自于主动探索和独立思考，主动追求知识的前提条件，必须是知识能带来快乐，而不是挫折。为了增强孩子的求知欲，父母应该努力帮助孩子，不断获得知识的欢乐。

对家长提出以下几点建议：

1. 对孩子的任何提问一律予以鼓励

当孩子提出一个问题，他的好奇心就是在渴求知识，必须予以鼓励。借此机会，可以鼓励孩子寻求更多的知识。适当的引导，就能让他爱上知识、爱上学习。

2. 遇到解答不了的问题，陪孩子一起查找答案

当父母无法解答孩子提出的问题，应该直接承认自己不懂，并且和孩子一起查找资料，共同寻找问题的答案。这样，可以让孩子明白没有解决不了的问题。当以后遇到不会做的题目，他就会认为，是自己的努力还不够，而不是因为自己笨。

3. 让孩子每个周末做出成长汇报，检验自己知识的积累

在每个周末，让孩子以表格的形式写出自己一周内都掌握了哪些知识。这样，可以一目了然地看到自己的成长，有助于增强孩子的自信心。还可以在每项知识旁边标明自己喜欢与否，这样可以针对孩子不喜欢的知识，进行重点突破。

4. 和孩子展开积累知识的竞赛

为了刺激孩子的求知欲，可以在家里展开积累知识的竞赛，父母也要努力学习，并把自己的学习成果向孩子公布。这样，可以让孩子认识到每个人都应该不断学习，自己并不是在受虐待。还可以和孩子交流，让孩子找到效率更高的学习方法。

5. 和孩子交流对社会和人生的看法

父母可以将自己对社会和人生的看法，跟孩子平等地交流。父母的亲身体会，可以帮助孩子明白知识的重要性，从而激发出求知欲。

6. 陪孩子一起看趣味性的知识读物

要留给孩子读知识读物的时间，并常常询问他有什么有趣的发现，陪孩子一起欢乐。如有时间，父母也可以陪孩子一起看，对于里面提到的问题，和孩子一起讨论，这能帮助孩子学会从不同的角度进行思考。

好习惯21. 孩子善于获得成就感的好习惯

如果学习是一件好的事情，那就应该从中获得成功，获得成就感，获得欢乐。就像著名教育家苏霍姆林斯基所说的："请记住，成功的欢乐是一种巨大的情绪力量，它可以增强孩子好好学习的愿望。"

如果你去问现在的孩子，他们中的大多数从学习中得到的是挫折。事实上，责骂批评孩子并不能让他的学习成绩上升，因为单纯的批评并不能帮他解决自己的问题，只能增加他的心理负担，带来负面影响。

《贵州都市报》刊发过一位中学生留给父母的遗书：

敬爱（的）爸妈：

我已不存在，请不要悲伤。我很对不起你们，请原谅。

我知道你们把我养这么大很辛苦。但是呢，我又没有报答过你们。我的成绩从来没好过，我也不知道为什么。我也不知道从什么时候我有想死的念头，我曾经有过几次想死，但是我还是不愿意过早地死去。可是这一次，我已经彻底地绝望，并不是什么原因，而是我已感到我是一个废物，样样不如别人。而且由于没有交成绩册和补课本，（老师）没有（让我）报到，也没有（发给我）课本，今天我们班上来了个新生，侯老师对他讲："后面的同学基本上都是差生……"我想，我已被老师列入差生行列了。我也感到很绝望。下午，我去问老师，星期一交行不行？（据同学说，他假期作业有两道数学题没有通过小组检查。）老师说："不行，今天不交星期一就不准上课。"我真的绝望了。

我也想过，我一死会给你们带来什么呢？有坏处、有好处，我一死，会给你们精神上加了不少压力，好处是我一死，你们可以节约一大笔钱，你们可以不用愁我的开支，你们可以尽情地游玩，坐飞机、坐火车、坐轮船，而不用为我担心。我死了，也不要传开来。因为会带来别人所讲的闲话，使你们很不好。如果真的很想我，便给我写信，你们尽情地玩乐吧，你们也不要想不开，存折密码是1122来生再见。

李　远

97.2.20　10：17

另加一句：妈妈，不要责怪爸爸，爸爸也不要责怪妈妈。

记住，李远是位中学生，但他有思考和处事的成熟的一面。同样，在他的眼里，人生尽兴地玩乐是最大的难得、最大的幸运、最大的幸福——他因此用一句听起来非常幼稚却无比真诚的"你们尽情地玩乐"来祝福自己的父母。读到这里，我们都能感到，中国的孩子们因为上学而受到的心灵创伤是何等的严重！

聪聪是在美国读书的一个初中生。一次数学期中考试，主要内容是对数方程。在英语中，log可以是数学中的对数，也可以是原木、木材的意思。考完试，聪聪在试卷上画了一只很善于咬原木的河狸，手中拿着一块木头，说：Logs ate fun！（"木头"真有趣味！）。数学考试本身得了100分，老师又给试卷上的画"原木和河狸"加了0.2分，一共是100.2分。但是0.5分以下是不算分的，因此聪聪并没有因为在试卷上画这幅图而多得了数学分。然而，这个0.2分却表达了老师对学生的数理逻辑、形象思维和自信心的充分肯定。

于是，他的父亲黄博士发出感慨："在中国，考完试，在试卷上画画，那是绝不允许的，尽管你得100分，尽管你有富余时间，因为这不符合应试教育的基本原则。创造性就像种子一样，它需要一定的环境：包括土壤、气候、科学的灌溉、施肥、培养，才能发芽、生根、开花、结果。没有对常规的挑战，就没有创造。”

在黄博士看来，成就感和创造性是一对孪生姐妹，付出了创造性努力，就应该得到成就感；而反过来，成就感也会加强孩子的创造性。

对家长提出以下几点建议：

1. 常常鼓励孩子，给孩子成就感

成就感需要经常性的鼓励和表扬。当孩子付出努力取得进步的时候，不管这个进步多么微小，父母也应该大声地赞扬。请记住，一次鼓励可以换来10次进步。

2. 帮孩子从挫折中找到自己的优势

当孩子面对挫折，抬不起头来，父母应该帮助他分析，自己有什么优势没有发挥出来，如果发挥的话，事情能有如何的改变。要鼓励孩子，任何失败都是成功的一部分，每次失败都离成功近了一步。

3. 为孩子而骄傲

自己的孩子是最值得父母骄傲的。如果常常为孩子骄傲，从小就把孩子看成天才，孩子就会向着天才的目标努力。这样的孩子知道要强，愿意比别人付出更多的努力，也就能取得更大的成就。

4. 让孩子总结，为成就付出了多少努力

当孩子取得了成绩，父母可以让孩子总结一下，这份成绩是用多少努力和失败、挫折换来的。这样，孩子能够珍惜自己取得的成绩，并用更多的努力来保持它。

5. 和孩子比赛，做一个有成就的人

父母都努力做一个有成就感的人，和孩子展开一场家庭竞赛，就能让家里充满了奋发努力的气氛，每个人就都会用自己的努力去赢得更多的成就。让孩子习惯于努力，习惯于成就，他在学习上就会不甘落后，奋起直追。

6. 经常强调：所有付出都会有回报

父母可以和孩子谈心，谈自己的故事，自己在生活中的付出和回报，让孩子了解，每一份付出都会有相应的回报。这样，孩子会自觉用“付出了多少”来要求自己，增强学习的主动性，并且坚信只要付出足够的努力，一定会取得成功。

好习惯22. 孩子正确评价自己的好习惯

孩子如果认为自己是一个天才，他就会最终成为一个天才。相反，如果觉得自己很笨，他真的会越来越笨。究其原因，是心理暗示在起作用，遇到难题就害怕，越怕越容易错，错了就觉得自己更笨，这就会形成恶性循环。

在现实中，有许多孩子不能正确评价自己，不能正常发挥自己的天赋，反而整天在缺乏自信的状态下死读书，浪费自己的天赋。他们本来用一半的时间就可以取得双倍的学习效果，却从小被挫折感折断了飞翔的翅膀，这实在是十分可惜的。

一位语文老师发现女儿失去了曾有的天赋，他写道：

“我一向认为女儿是很有语言天赋的，可这学期，她的语文只考了78分。我记得女儿四岁时，她妈妈领她去浴室洗澡。女儿问妈妈：‘浴室的墙上怎么出汗了？’还有一次，她早晨醒来，对她妈妈说：‘妈妈，眼屎在我眼睛上跳舞呢。’除了这些，女儿还能背上十几首唐诗，还能讲许多的童话故事。她甚至能将《还珠格格》说得头头是道，比她母亲还强。可我不明白，她的语文水平怎么会在老师眼里这么糟？

女儿考试成绩不好，从前活泼的小脸变得闷闷不乐，心事重重。她妈妈发现她默字没默出来，就骂她，说了一大堆难听的话。后来，女儿考试没考好，就学会隐瞒，学会了说谎。她谎言编得很圆，几乎看不出什么破绽。

女儿的语言天赋以一种扭曲的方式发展。担心她会像绝大多数人一样，没有自信地活着，依赖谎言而生存。”

他女儿的语言天赋，是用感性的文字捕捉心底一闪而过的印象。这种能力即使在现代作家中，也只有萧红等少数几个人拥有，这是十分可贵的。如果从教学的角度衡量，这样的语言能力应该属于研究生一级的学生才能掌握的。他女儿面临的问题，就是大学的语言能力不符合小学的语法要求。被扼杀以后，就只能用这种天赋来撒谎。

其实，很多有天赋的孩子都遇到过类似的扼杀，有时他们自己都不知道。粗暴的批评堵住了孩子的长处，他就只剩下短处了，哪里还自信得起来？

对家长提出以下几点建议：

1．老师把你看扁，你要把自己看圆

这是周翔的一句名言。当老师给你的孩子带来了挫折，你可以把这句话当成座右铭，挂在孩子的墙上，鼓励他正确评价自己。这能给他的学习带来动力，同时防止他因为老师的指责，变得自暴自弃。

2．大声赞美你的孩子

当孩子哪怕取得一点小小的进步，你都应该大声赞美他。你的赞美会让孩子继续努力，不断取得更大的成功，把你的赞美当做最大的奖励。你把孩子看成天才，孩子就会变成真正的天才。

3．你不是天才，谁是天才

列出天才的特点，一旦孩子的行为符合了某项标准，就拿给他看，告诉他他就是天才，强化他的自信心。这个办法曾经帮助聋儿考上大学，对你的孩子也能适用。

4．告诉你一个好消息

每天孩子放学回家，第一句话都应该是“告诉你一个好消息”。这种乐观的态度，可以把孩子的不好情绪一扫而空，让孩子的精神为之一振。不管好消息是多么微不足道，父母的乐观态度都能成为孩子最大的安慰。

5. 我为你骄傲

要常常对孩子说“我为你骄傲”，孩子取得成绩的时候，为他的努力而骄傲，孩子遇到挫折的时候，为他能承受打击继续努力而骄傲。父母的骄傲是孩子最大的动力。

6. 为孩子未来的优点而喝彩

当孩子定出自己努力的目标，父母就要把孩子的目标看成是未来的优点，每当孩子离那个优点近了一步，父母都该为他大声喝彩。即使你的孩子一无是处，只要他愿意努力，就应该大声喝彩。

好习惯23. 孩子设定学习目标的好习惯

每个学生都希望自己的成绩能达到全班第一、全年级第一、全校第一，但任何目标都要通过脚踏实地的努力才能逐渐实现。因此对学生来说，重要的是认清自己的实际状况，为自己制定可以达到的短期目标，并通过不断的短期目标，最终实现自己的长远目标。

美国加州五所顶尖高中中的一所发生了一起非常事件，一个华人学生，是该校考试成绩的第一名，SAT满分，加上是很多考试竞赛的冠军，学生本人以及校方、家长都认为报考哈佛大学绝对没问题，但最终哈大还是拒绝录取。最后这个学生从金门大桥跳海自杀。

分析一下学校录取的标准，我们就能发现，这个学生死得十分不值。

美国的大学不看重满分，达到一定分数标准（例如哈佛大学对SAT-I的要求是1450分）后，他们就认为，这个学生在基础程度上符合进入该校的标准，就不再以考分的高低作为录取学生的标准。也就是说，他们对1450分的学生和1600分满分的学生是会同等对待，而不像中国的大学从高分到低分顺序录取。

说实话，一些名牌学校也不是对中国学生有着什么成见、偏见或歧视，而是他们的选择标准与中国人的想象不同，双方对优秀学生的认识标准有区别。学校注重学生所考的AP课程。AP课程是在高中期间所学的大学基础课程。一个学生选择的AP课程多，就说明他（或她）的学习进程超前。同时各门AP课的组合趋向，也能向学校显示这个学生的专业优势。

怎样的因素才是能被这些名牌大学录取的强因素？每年名牌大学派出的信息宣传人员其实都一直在强调，这就是一个学生要在众多学生中能够显出special（特殊），也就是说自身有与众不同的特点。

这位自杀的学生试图以死来抗议美国学校的歧视，而这样的歧视只存在于他自己的脑中，是他主观想出来的。因此说，他的死连悲剧都算不上，充其量只能算是一出闹剧。

他的问题，是学习目标设得不合理，反而迷失了学习本身的目的。在中国，很多高考的学生在高三阶段，都会写血书以示决心，密密麻麻的血书能挂满宿舍的楼道，这本身就不是一种正常的心态。这样的学生，考好了会聚在操场上集体焚书，考不好则可能会发生种种问题，这样的学习难道是健康的吗？

另一位考生也报考了哈佛，她的心态就正常得多。

她的父亲鼓励她报考尽量多的美国“重点大学”，包括哈佛等。父亲说，这不是意味着我们真的那么希望去哈佛上学，而是将哈佛作为一把尺子，度量一下自己，同时也以此度量哈佛，从中获得第一手资料，这样自己的心理就会有绝对的平衡。心理健康是“劳心者”最重要的健康指标，保持心理健康和心态平衡，是一个学生首要的素质。父亲说，无论别人怎样想，我们都应该永远拥有自主的观点。

这个例子和前面的有一个明显差别，就是把相信自己作为首要前提。从学习的角度来看，这样的态度无疑更可取，好处是无论遇到多大的挫折，都能从中吸取教训，让自己以后做得更好。从另一个角度看，既然学习是孩子自己的事情，那么衡量学习效果的标准，应该也以学生自己的主观评价为主，看他是否付出了全部努力，是否从学习中得到了很多乐趣，是否爱上了知识，是否养成了自学的能力。事实上，自学能力比考上大学更重要，通过高等教育自学考试，学生一样可以取得大学文凭，在找工作上，和其他的大学毕业生具有同等地位。

对家长提出以下几点建议：

1．让孩子自己设定期望值和达到目标的方法

父母规定的目标，对孩子会成为强大的压力，反而会有反效果。应该让孩子自己来设定目标，并且给出达到目标的具体途径。这样，目标就会留在孩子心里，成为努力的动力。

2．把目标设定为付出多少努力

要跟孩子讲清楚，如果把目标规定为具体的分数，难免有发挥失常的时候，应该把目标设定为自己的努力和对知识掌握的程度。考试后，要从错误中分析，哪些是对知识掌握得不够牢固，应该如何弥补。

3．监督过程，不过于看重结果

父母应该对孩子学习的过程多加关心，看孩子能否按照自己的计划进行，遇到了什么困难，得到了多少乐趣。这样，无论结果如何，只要孩子能最大限度发挥自己的能力，一时的成败不足为虑。

4．定期总结时，要强调过程

当孩子向家里汇报学习状况，要更关心他的学习过程，是否有可以改进的地方。只要在日常学习中最大限度地努力，优秀的成绩会接踵而来。这可以让孩子认真对待日常的学习，用辛勤的耕耘换取最后的收获。

5．要重视弥补过程中的漏洞

考试中丢分，都是由于日常学习不扎实所引起的。父母应该帮助孩子寻找日常学习中的漏洞，让孩子制定出弥补漏洞的方案，并进行监督。如此能帮助孩子找到问题的根源，增强自信心。

6．在家中设立发现奖

当孩子发现了自己学习中的漏洞，要予以奖励。要不断跟孩子说，能发现自己不足的人是真正伟大的人。这样孩子就不会不敢正视自己的缺点，而是勇于承认、勇于改正，最终将取得更好的成绩。

好习惯24. 孩子选择适合自己的学习方法的好习惯

如果说学习是一条漫长的路，那么学习方法就是穿在脚上的鞋。穿上合脚的鞋才能走得更远，同样，只有合适的学习方法，才能帮助学生取得最大的成功。

1983年，哈佛大学教授、心理学家赫瓦·加纳出版了影响深远的《心理构架》。他指出过去我们对智力下的定义失之褊狭，人生的成就并非取决于单一的IQ，而是多方面的智能。主要归为以下七大类：①语言；②数学概念；③空间；④体能；⑤音乐才华；⑥人际技巧；⑦透视心灵。这种多面向的智能观，更加完整全面地呈现出学生的潜力，帮助家长和老师更准确地了解学生将来可能取得哪方面的成就。

教育对孩子最大的帮助，是引导他们走入适合自己的领域，使其潜能得以发挥，从而获得最大的成就感。我们应该做的是减少评比，多花心力找出每个人的天赋加以培养。成功可以有无数种定义，成功的途径更是千变万化。现在，越来越多的心理学家同意加纳的观点，传统的IQ只围绕着狭隘的语算能力打转，IQ能够预测课堂和学业上的成绩，但对于学术以外广大的生活领域、对于整体人生的成就，没有多少关系。智力高的人找错工作结错婚，是很常见的事情。

王颖原是北京市昌平二一学校的学生，在校期间曾多次获得三好学生称号，1998年转到北京市101中学。一个学期后，父亲王升祥发现，孩子的学习劲头明显地低于上学期，于是在家长会上和班主任及各科老师交谈，得知她不像以前那样积极主动地回答问题了。

知道这种情况后，父亲并没有责骂孩子，而是反复耐心地找孩子谈心，终于得知，王颖在模仿一种“放松式”的学习方法。父亲说，“放松式”学习方法是学习方法的一种，可这种方法因人而异，对你不太适应。你是勤奋的孩子，必须以勤为本，再加刻苦努力，才能实现自己的理想，一分辛苦，一分收获，不劳而获是不可能的，只能不畏艰辛，才能达到知识顶点，任何捷径都不可取，你可以坚持你的“放松式”学习方法，到期末考试成绩出来后，你就会马上放弃这种学习方式。

到学期结束，果然让父亲说中了，这时的父亲并没有埋怨孩子，只是拍拍她的肩膀，心平气和地说：“孩子，这也是你在学习中的一次失误，没有选择好适合自己的学习方法。”他不发脾气，是因为知道王颖的自尊心很强。而这种点到为止、不追究根源的方法，反而使孩子很容易就接受了父亲的意见，改变了学习的方式。

父亲总结说，人不可能十全十美，也不会是全能，人生的价值追求主要体现在通过自己的努力，达到力所能及的目标，而不是片面地去追求完美无缺。对孩子的“过”和“失”，我们要持理解的态度，及时寻找原因，既不自欺欺人，也不将其认为是天塌地陷的大事，而是以积极的态度和方式去应对现实，教给孩子自信，去战胜“过”与“失”。

在这个例子中，父亲最了不起的地方，是没有强迫孩子按照自己的意愿改变学习方法，而是允许孩子尝试，允许孩子失败，也允许孩子从跌倒的地方爬起来。家里的理解和支持，是孩子取得好成绩的最大动力。这也说明一个道理，适合自己的学习方法，是需要通过摸索才能找到的，要给孩子探索的机会。事实上，当王颖重新选择原来的学习方法后，也会从失败的尝试中吸取合理的部分，对原来的方法也是一种完善和补充。而在这种有成功有失败的尝试中，她的成绩会越来越好。

对家长提出以下几点建议：

1. 鼓励孩子在学习方法上进行尝试和创新

没有尝试和创新，孩子永远找不到最适合自己的学习方法。因此，家长应该对孩子的探索报以鼓励。这样的好处，是能让孩子根据自己的实际情况，来主动寻找最有效的学习方法，克服困难，取得最大的成功。

2. 帮助孩子分析各种学习方法的利弊

孩子对自己的认识往往不够全面，在学习方法的选择上，也需要家长的帮助。父母可以心平气和地提出自己的意见，允许孩子自己去尝试。当事实证明自己对了，不要批评孩子；当事实证明孩子对了，要真心为孩子祝贺。

3. 帮助孩子认识自己

父母应该细心观察，看自己的孩子适合什么样的学习方式，并把自己的看法随时和孩子沟通。这样能帮孩子更好地认识自己，从而选择最适合自己的学习方法。

4. 引导孩子尝试新的学习方法

当孩子的学习出现问题，父母可以向孩子推荐新的学习方法，并详细讲明自己的理由。在孩子尝试的过程中，父母要多交流，及时发现问题，提出自己的意见供孩子参考。

5. 帮助孩子认识学习方法上的问题

当孩子出现成绩下降，首先要和孩子共同讨论，在学习方法上是否存在可以改进的地方，如何改进能取得更好的效果。这样能帮助孩子摆脱成绩下降带来的心理阴影，重新建立起自信心。

6. 陪孩子一起寻找更好的学习方法

当原有的学习方法不适合新的学习内容，家长可以陪孩子一起探索，共同寻找更好的学习方法。这个过程能加深双方的感情，也能提高孩子的上进心。寻找和探索的时候，要以学习效果为首要的考虑。

好习惯25．孩子劳逸结合的好习惯

孩子需要学习的科目多，知识量大，如果不善于调节，一味增加压力，不仅学习的效率无法保证，还有可能给孩子带来意想不到的危害，甚至损害孩子的健康。对学生而言，休息很重要，选择合适的休息方法更重要，好的休息方式，有时效果比学习更好。

1．不会好好休息就不会好好工作

休息有很多种。对学生而言，最有价值的一种，就是转移注意力，在充分放松的基础上，对一段时间以来掌握的知识做一次回顾，脑子里就像放电影一样，把知识点过一遍，再逐一编织进自己心中的知识网络结构中。这样的休息相当于复习，而且有助于知识的融会贯通。

还有一种休息，是在放松的状态下，查找自己的缺陷和不足。哪一部分自己感觉比较模糊，哪一门科目自己比较发怵，在休息时的第一感觉，往往都是最准的。这样的休息相当于做大量的自测题，而且时间更短，能迅速找到自己的问题所在，及时进行弥补。

当然，如果学生实在过于疲劳，出现了思维不畅、反应迟钝等症状，那就需要彻底的放松，可以考虑做一些运动。

2．运动——益智健脑的良方

常常参加运动锻炼的人，在智力和反应方面明显高于未参加锻炼或极少参加运动的同龄人。

运动可提高血糖含量：大脑活动所需的能量主要来源于糖。运动能使人食欲大增，消化功能增强，可促进食物中淀粉转化为葡萄糖，并源源不断地提供给脑神经细胞使用。

大脑需要氧气和其他营养：常常运动的人，心脑血管会更有弹性，血液循环也更通畅。喜欢运动的人，血液循环量比一般人高出两倍，这样能向大脑提供更充足的氧气和营养，使思维更敏捷。

运动是一种积极的休息方式：运动时，运动中枢兴奋，可快速抑制思维中枢，使其得到积极的休息，有助于提高学习效率。

运动能改善情绪：通过运动，能有效预防和治疗神经紧张、失眠、烦躁和忧郁症，避免产生思维和反应迟钝、注意力减退等现象，使人心理更健康，头脑更灵活。

3. 放松大脑四法

咀嚼——人在咀嚼时，大脑的血流量明显增多。这可以保证大脑的供血，保持大脑的正常思维活动。所以，吃饭时一定要细嚼慢咽，不仅有助于消化，还能健脑呢。

跳绳——跳跃可以让大脑兴奋，经常跳绳，可以增加脑神经细胞的活力，有助于提高思维能力。从中医的角度看，跳绳能刺激全身经络，使手和上肢的6条经脉气血畅通，为大脑提供更多营养。

冷热水浴——先冷水浴接着热水浴，或者先热水浴后冷水浴，所产生的冷热变化能促进血管的收缩和扩张，提高血管弹性，并加大脑部的供血量。可以先用冷热水洗手、脚，适应后过渡为四肢，最后到全身。请注意控制水温，开始的凉水温度不要太低，冷水浴的时间不要太长，注意避免感冒。

入静——长时间的紧张脑力劳动后，可以用入静来驱除疲劳。具体做法是，选择舒服的坐姿，腰背挺直，双目微合，全身放松，想象自己在空气中飘浮。它的效果，一可以稳定脑电波，二可以减少能量消耗，三可以降低血液中的乳酸浓度。从调节身体机能的角度来看，相当于是深度睡眠。

对家长提出以下几点建议：

1. 注意孩子的精神状态

当父母发现孩子出现走神、精力不集中、疲劳等状况，最好叫他立刻放下课本，休息一会儿。这样，既能让孩子觉得父母关心自己，又有助于加强孩子的上进心，休息后用更大的努力投入学习，效率一定会更好。

2. 休息时和孩子交流，查找孩子存在的问题

孩子休息时，可以用和缓的态度陪孩子闲聊，问他新学了什么，哪些有意思，哪些的兴趣差一些。孩子兴趣差的地方，往往就会成为学习中的漏洞，需要有针对性地进行弥补。可以和孩子共同讨论用什么方式，来保证这些内容不拉学习的后腿。

3. 在休息时鼓励孩子

孩子休息时，经常会有心理压力，认为自己在耽误学习的时间，自己笨，越想心理负担就越重。这时，父母的鼓励会让孩子重新拾起自信，恢复得更快，以更好的状态投入到学习中去。鼓励的方法，通常是引导孩子发现自己的优点，让孩子知道，他在父母眼中永远是最棒的。

4. 每天陪孩子锻炼

孩子用脑强度大，需要适当的运动量。父母可以和孩子约定，每天学习疲倦后，和父母一起去跑跑步，或做一些别的锻炼。共同锻炼的过程，既有助于孩子的放松、增强孩子的体质，也能增进双方的感情，更能帮助父母了解孩子的真实想法。最好不要把时间规定得太死，孩子什么时候需要休息，父母就什么时候陪他锻炼。

5. 用乐观的态度，帮孩子调节情绪

孩子的学习压力大，负担沉重，尤其需要父母来帮助他调节情绪。休息时，父母可以用乐观的态度，聊一些轻松愉快的话题。一定要从态度中

体现，父母真心希望孩子快乐。只要每天能有很少一点温暖和快乐，就足以支撑孩子走过艰难的书山学海。

6. 为孩子做按摩

当孩子太过于疲劳，父母可以让孩子平躺，为他做些按摩来缓解压力。以头部为主，根据实际情况，也可以顾及肩背腰腿，按摩时要说一些鼓励的话，帮助孩子放松。每天睡前，也可以为孩子做一次按摩。这可以让孩子体会到父母的爱和关心。

好习惯26. 孩子效率第一的好习惯

孩子们学习成绩的好坏，差别并不在于学习时间的长短，而在于学习效率的高低。学习的目的是对知识的掌握和熟练运用，一切学习方法都是为这个目的服务的。而从这个角度衡量，现有的课堂教学方式并不是效率最高的做法。

很明显的一点是，孩子和老师的感情联系，通常不像和父母那样强烈，在课堂上的注意力，也不像在家里那么集中。这就说明，由父母进行亲子教学，在效率上要比上课听讲更高。

学习的另一个目的，是让孩子掌握自学的能力。从自学的角度衡量，以大多数孩子的理解能力和智力水平，完全可以自行阅读教科书和参考书。而且这是一个连贯的思维过程，是一种智力上的探索，不会被外界因素所干扰。与课堂教学相比，效果只会更好，效率只会更高。

一位母亲在信中写道：

女儿的暑假作业中，出现了正方体和长方体方面的题目，这是六年级的内容，我先卖了个关子，对她说："等六年级再说吧，其实20分钟就能学会。"孩子一听兴趣来了，说，妈妈，你不是说笨鸟先飞吗？我就当一回笨鸟吧。我们一起分析长方体的表面积，她自己很快就总结出了定理。我再把参考书翻开，上面明确说这一段需要5个课时，而我们只花了几分钟，而且她总结出的东西，与书中仅有个别文字上的差异。这使她大受鼓舞。我和孩子现在在轻松、愉快中学习，我坚信只要我不灰心，坚持下去，奇迹终究会出现。

这个例子恰恰证实了，自学和亲子教育，有着如何强大的威力。

孩子如何学习能最有效率，这需要父母来帮助设计。为了让孩子在名牌大学眼中显得“特殊”，也为了孩子今后的成长，一位留美中学生的父亲是这样设计的：

很多中国家长为孩子选择医学专业，是因为医生的收入高。不过我为女儿选择医学专业时，向她强调的原始动机不同，是为了治病救人。学医其实不应以追求高收入为出发点。我们首先需要对孩子培养的，是一种现在就趋稳定的学术基础。

今年暑假我就让女儿到医学院实验室实习，以后又去医院病区与医学生一起进行临床见习。她学校有AP科学研究课，我就指导她设计一个“课题”。这是一种治疗心血管病的基因治疗药物，如果成功，就能够改变现有的心血管病药物的诸多局限，比如只作用于局部表象、药效不能长期维持、停药会引起症状反弹、长期使用又有耐药性。这药能在使用一个疗程以后，就保持终身的药效。课题进程安排是，在高中的迷你课题中完成质粒构建，大学暑假实习期间完成蛋白质包装，医学生阶段因为可申请学生课题经费资助，就能完成动物实验，住院医生培训期间，就能够进入临床试验。当然，这是要申请专利的，今后是进入商业产业界的基础和本钱。

美国高中生还有种“英特尔奖”，这个奖项主要是奖励高中生的发明创造。中国孩子能屡屡拿到“奥数”的冠军，却在数十年中，对这个奖项年年是无人能问津。近年有些中国家长试图将自己的科研项目“移植”给孩子，去争取“英特尔奖”，能进入前40名的中国孩子是多了起来。但是由前40名进入前10名这关又过不去。因为有一个环节是要进行课题答辩的，家长当然不能陪着去，这样一来，许多中国孩子又是大败而回。我的原则是绝对鼓励女儿顶风而上，但同时也深信，她在这个方面已经具备了这个专业的知识基础，能突破这一关。

这位父亲真是用心良苦，在中学阶段就着手培养孩子的学术基础和独创成果，如果能成功，孩子的一生就有了安身立命的本钱。当他的孩子明确了自己的发展方向，必然会对眼前的学习付出更多努力。而更远的目标和更大的成就感，也必然会形成一种积极的心理暗示，促使她更严格地要求自己，不断追求更高的学习效率。

对家长提出如下几点建议：

1．对于重点难点，亲自给孩子讲解

那些不易掌握、容易错的内容，父母可以先自学一遍，再给孩子讲解。这既可以加深孩子的理解，又能帮助父母掌握孩子的情况，还能在双方的讨论中，促使新知识和老知识融会贯通在一起。

2．当孩子“卡壳”，陪他并肩作战

一次“卡壳”，不仅当时会耽误孩子的时间，事后也能降低孩子的信心和学习效率。当孩子挠头的时候，父母应该立刻过去，陪他一起分析和解决问题。这能增强孩子战胜困难的信心，提高学习效率。

3．培养孩子的自学能力

家长应当鼓励孩子自学，对于难以理解的知识，通过工具书和网络来查找相关资料。自学能使孩子越学越爱学，而且效率更高，知识掌握得更全面，并且相关知识都能连成一个有机整体。

4．帮孩子树立远大目标

家长可以常常和孩子谈论未来，帮孩子找到自己的长远目标，这就能让孩子真正懂得今天的学习是为了什么，从而增强上进心，提高学习效率。

5．效率是为了轻松

家长应当跟孩子说明，提高效率会让学习变得更轻松，效果会更好。这能改变孩子的习惯想法，不再认为学习就应该是苦差事，从而消除抵触情绪，提高效率。

6．从学习中找乐趣

乐趣会让学习的效率更高，因此，可以让孩子从学习中找乐趣。这样，孩子就会注意到原来没有发现的有趣之处，对知识会记得更牢。

好习惯27. 孩子遵循记忆规律的好习惯

学生要记忆大量的知识。如果不能科学用脑，认识记忆规律，效果将事倍功半，并且越来越没有信心。

兴趣是记忆的老师，在所有的记忆规律中，最重要的一条是保持兴趣。没有兴趣，就不可能真正记住需要掌握的知识。科学家对人的记忆过程进行了研究，得出了一个结论：记忆是否深刻，与头脑的兴奋程度有直接的关系。这意味着记忆的过程必须十分专心，同时对需要记忆的材料保持一种兴奋的精神状态。如果需要记忆，首先要用适当的办法，让孩子的精神兴奋起来。

一个留美中学生在讲述自己学习英语的经验时，也把兴趣放在了首位：

到美国时，才知道惨了。在纽约长岛那间小学，没有一个来自中国的学生，没有人可以用中文和我沟通，老师说的话我一句都听不懂，心里面只有惶恐，我只好拼命拉着妈妈的手，不让她走。当然，那可不是办法，爸爸妈妈买了全套的迪斯尼百科全书，学习英文和趣味性相结合，我每天背20个英文单词，加上周围的语言环境，可谓别无选择。只一个学期的功夫，我的听写能力已有了惊人的提高。

当你的孩子需要记忆知识时，作为父母一定要帮助他（她）提高兴趣。此外，还有一些其他的规律。

1. 重复次数不宜过多

在刚刚开始记忆材料的时候，人的记忆处于高度兴奋状态，随着重复次数的增加而逐渐降低，最后产生记忆的抑制过程。按照这一规律，记忆知识时并不是重复的次数越多越好。一般情况下，一份材料重复3至5次就可以了，超过5次反而会产生精神上的抵触。

2. 一次记忆的材料不宜过多

应该控制好每一次记忆材料的总量，如果总量过多十分容易产生大脑疲劳，使记忆效率下降。正确的做法是，把量控制在这样一个范围，能让孩子一次完成记忆过程，记忆完成后，还觉得意犹未尽，有余力再从事其他科目的学习。如果需要背记的材料实在过多，也可以把它切分成几部分，每次解决其中一部分。

如果需要记大量的问答题，可以把每个要点用一到两个字概括，都写到一张纸上，对着题目回忆答案，想不起来再看提示。只要能正确回忆起所有要点，就在题目下面打钩，下次就可以跳过去了。这样，记忆的次数越多，需要记忆的内容就越少，学生的自信心就可以在这个过程中渐渐加强。

3. 事先做好心理调节

记忆之前，必须先进行好心理调节，树立起自信心，相信自己一定能掌握这些材料。千万不要在记忆之前先怀疑自己，担心自己背不下来。记忆过程中也要控制好自己的心态，不能急躁，急躁会破坏心理平衡，使大脑出现抑制现象，让自己无法顺利完成记忆。

4. 经常复习

人的遗忘是先快后慢的，每次记忆后，大约70%的内容会迅速遗忘，只有30%才能以缓慢的方式渐渐遗忘。也就是说，每次记忆，实际上只能记住材料的20%～30%。因此，当你在晚上记忆，第二天早上醒来，会觉得大部分都忘掉了，这是符合遗忘规律的，并不是因为自己特别笨。要想提高记忆效果，就需要每隔一段时间复习一次。通过及时复习，能使被遗忘的内容很快得到巩固，使你的记忆更长久，效果更好。

对家长提出以下几点建议：

1．常常鼓励孩子，增强孩子的信心

孩子越相信自己，记忆的效果就越好。因此，父母应该经常鼓励孩子帮助孩子树立起自信心。这不仅能对孩子的记忆带来帮助，更能增进孩子学习的兴趣，让孩子从畏惧知识逐渐演变为喜欢知识。

2．用轻松的话题帮孩子缓解紧张情绪

在孩子开始记忆之前，父母可以谈一些轻松的话题，也可以开一些玩笑，这能有效地帮助孩子消除紧张和畏惧心理，不仅能大幅提高记忆的效率，更能增进孩子和父母的感情，增加孩子的学习动力。

3．帮助孩子认识记忆规律

当孩子认为自己笨的时候，父母应当向孩子讲清楚记忆的规律，告诉他遗忘是十分正常的。认识规律，能让孩子摆脱自卑的阴影，正常发挥大脑的记忆功能，取得应有的效果。

4．督促孩子及时复习

既然记忆后会遗忘，父母就应该及时督促孩子，在遗忘之前让他及时复习。这可以让孩子的记忆更加牢固，也可以让孩子更相信自己。应该让孩子算清楚一笔账——复习只需要很短的时间，而一旦遗忘，要再重新记住，就会十分困难。

5．督促孩子随学随记

为了不要等总复习的时候突击记忆，可以把需要记忆的内容，让孩子随学随记。可以每天晚上留一个小时用来记忆，第二天早上用半个小时复习。这样既能减轻总复习时的记忆量，又能帮助孩子把脑子里的知识融会贯通。

6．用日常的问答来促进孩子的记忆

父母可以在日常生活中，随机向孩子提问，检查孩子记忆的牢固程度。需要注意的是，一次不可以提问太多，也不要总提重复的问题，一方面是为了加强随学随记的牢固程度，另一方面也是为了考察以前学过的知识还有多少印象。这两者的比例要安排好。

好习惯28. 孩子掌握良好的记忆方法的好习惯

对大多数孩子而言，记忆都是一件苦差事。但如果掌握了良好的记忆方法，记忆就会变得充满乐趣。

在周弘的婷婷聋童幼儿园里，有一个叫胡林熹的女孩子，曾给各位来客表演过现场的快速记忆。

他让每个来宾都在纸上写几个字、词或是短句。上面写的是：北极熊，把欢乐带给大家，图画，北京真好玩，他在唱歌，圆明园，舒展，写作文，真棒，活力，橙色的房子，巨大的潜力，会当凌绝顶，和平，高速公路，辽宁，小朋友祝你进步，朋友，砖头。这些莫名其妙的文字，相互间毫无联系。

胡林熹盯着桌子上的纸条，一声不吭看了两分钟，然后就开始背诵。

周弘对大家说，咱们一定要热烈鼓掌，鼓励她。

胡林熹一个接一个往下背。每说出一个，周弘一定会伸出拇指，喊一声“太棒了！”大家也跟着鼓掌。很快，胡林熹按照顺序一个不差全部背出来了。大家报以热烈的掌声。

随后，胡林熹复述她编出来的故事：

“北极熊把欢乐带给大家，大家画图画，图画说，北京很好玩，好玩的字在说，他在唱歌，会唱歌的圆明园舒展了一下，写起了作文：真棒的活力盖了一个橙色的房子，房子有巨大的潜力，会当凌绝顶，顶了一万个和平。和平驶上了高速公路，撞到了辽宁，辽宁说，你们是最了不起的小朋友，小朋友祝你进步，进步的朋友拿起了砖头。”

客人们大笑。

快速记忆就是这么简单。无需天才，谁都可以做到，只要你有一颗童心，能够充满想象力。美国特殊教育代表团曾来这里参观，充满惊叹地对周弘说：“我们美国的聋童教育，根本达不到这个水平！”

记忆一般要涉及到人的五感（视觉、听觉、触觉、味觉及嗅觉），特别是视觉。在脑中以图形形式出现的印象，对我们的记忆起着重要作用。比如，人们总能很容易地记住一个人的面貌，而不是他的名字，这就说明人脑对视觉形象记得敏感，同时也记得比较牢。如果尽可能多用图解来帮你记忆，就会使枯燥、困难的记忆过程，变得有趣与简单。

有一种“栓钉记忆法”，依据的就是图形记忆的原理。比如，在需要按顺序记单词时，你可以把数字从一到十都找到一个词来代替，作为你的“记忆栓钉”，比如一是衣服，二是耳朵。然后，把你要记忆的单词，按照顺序和栓钉建立联系。如果第一个是蛀虫，你就想象是一件爬满蛀虫的衣服，第十个是凯迪拉克轿车，你就可以想象，用石头把凯迪拉克轿车砸得稀巴烂。这就是利用你头脑中浮现的画面来帮助记忆。原则上说，你设想的画面越奇特、越离奇，记忆的效果就越好。你还可以用自己的衣服、文具、教室的物品和同学的人名，来建立这套栓钉系统。这样，在考场上，你只要想起自己熟悉的东西，就能跟着回忆起问答题有几个要点，分别是什么。

记忆的方法还有很多，包括：联想记忆（接近联想、类似联想、对比联想、因果联想等）；分类记忆（根据不同标准分门别类灵活掌握）；编码记忆（将记忆对象编成一个“记忆链”）；集散记忆（全习、分习、全体、重点、分组渐进）；相关记忆（抓住共同点、相关处连锁记忆）；形象记忆（趣味、歌诀、直观、实验记忆）；规律记忆（演绎、归纳、类比、比较等逻辑记忆）；讨论记忆（群体切磋研究、辩论、争论等）；多通道协同记忆（听、读、说、写、做等）；利用多种工具记忆（参考工具书、参考书、自编资料、电脑软件）。比如，爱因斯坦记电话号码：24361第一位数2，第二位是它的2倍，下面是19的平方。周总理记全国30省市自治区的名称，写成口诀：两湖两广两河山，五江云贵福吉安，四西二宁青甘陕，还有内台北上天。每个人都会有自己记忆的一些诀窍，可以加以总结，更自觉地使用它们，将会大幅提高记忆的效率。

对家长提出以下几点建议：

1. 主动向孩子介绍新的记忆方法

父母可以有意查找各种记忆方法，经过自己的实践检验后，把自己认为有效的向孩子推荐。这样，孩子会充满兴趣和好奇地去尝试，即使遇到问题，父母也可以帮助。

2. 鼓励孩子尝试不同的记忆方法

孩子需要记忆的知识五花八门，不是用一种记忆方法就能全部解决的。父母应当鼓励孩子多尝试不同的记忆方法，能收到事半功倍的效果。

3. 与孩子展开记忆比赛

当孩子记不住某些知识，父母可以和他展开比赛，看谁能先记住。比赛能激发孩子的斗志，而如果父母赢了，再把自己的记忆方法介绍给孩子时，孩子会十分容易接受。

4. 对孩子的独创性给予奖励

当孩子创造出自己的记忆方法，父母应当给予奖励，以鼓励孩子继续探索。孩子的创造往往更适合自己的实际情况，效果也会更好。

5. 让孩子分析各种记忆方法的优劣和适用范围

父母可以列出各种记忆方法，让孩子逐一分析其优劣。孩子在分析比较的过程中，就会主动尝试一下，能从中找到适合自己的方法。

6. 综合各种记忆方法的长处

父母可以让孩子尝试着综合多种记忆方法的优点，创造出最适合自己、适合某类知识的独特方法。这能让孩子的记忆过程充满创造性，同时也充满乐趣。

好习惯29. 孩子交替学习的好习惯

孩子需要掌握的科目很多，不能顾此失彼。而交替学习是一种提高效率的有效途径，能够帮助孩子提高大脑的兴奋程度。

交替学习符合大脑工作规律。在学习的时候，大脑所主管的视、听、读、写以及有关记忆、分析等功能区，都处于高度兴奋状态。大脑任何部位的兴奋能力都有一定限度，超过限度就会使原来的兴奋区域减弱，抑制会越来越强，兴奋就会逐渐变成抑制，使大脑疲劳，出现困倦、头痛等症状，影响学习效果。

因此，学生一定要学会合理用脑，善于用脑，懂得怎样适当调节。复习功课时，可以几门课程交替学习，每门45到60分钟比较合适，中途休息10分钟，再复习另一门功课。连续学习两个小时后，最好能有20分钟左右的户外活动，可以呼吸新鲜空气、散步、练操等，让部分脑细胞得到休息，还可以调节神经机能，提高大脑反应。全天复习阶段，上午可以学习4个小时，下午安排2个小时学习，1到2个小时的户外锻炼，晚饭后的学习时间，则最好不要超过3个小时，每天保证8小时睡眠。这样，学习效率能够大大提高。如果一味打疲劳战，效果反而不好。

交替学习内容差别较大的不同书种，比长时间读一种书籍的效率高。生理学家研究表明，人的大脑左右各有分工，不同学科在大脑中使用的脑区是不同的，左半球侧重于逻辑与抽象思维，右半球侧重于形象思维。所以，同学们在做数理化习题时，大脑左半球容易疲劳，这时应该调换学习内容，可以复习文科，记英语单词、做语文作业，使紧张工作的大脑左右半球轮流休息，有利于提高学习效率。

看书时，可以把文理科的课程交替学习，这样的做法能使大脑皮层中的兴奋，从一个区域转到另一个区域，结果大脑皮层的神经系统不仅不会疲劳，还能让两科的学习互相促进。这实际就是转移兴奋点，既可以避免前后的学习内容相互干扰，也可以避免出现越学越无趣的情况出现。

当你学习累了，可以试着听一会儿音乐，不仅有助于松弛神经，更能够促进大脑疲劳的缓解。人学习时使用的大脑区域，和听音乐时使用的区域是不同的，当音乐响起，你的听觉中枢兴奋起来，其他中枢就能够得到彻底的放松。这种交替使用大脑不同部分的办法，能有十分好的调节作用，更能让学生的情绪逐渐恢复到比较亢奋的状态，以更好的精神面貌迎接下面的学习。用音乐调节大脑的方式，已经在各国的大学中被普遍采用。

还有一种有价值的交替学习方式，就是在同一学科内的交替学习。它主要的作用，是帮助学生对知识融会贯通，形成横向的知识网络，并通过比较来促进理解、强化记忆。事实上，从近年高考出题上看，涉及各部分知识的综合应用题正逐步增多，要求学生具有融会贯通、综合运用的能力。因此，这种同科内交替学习的方法，也越来越得到更多学生的重视。

它最典型的表现是在历史科目上，只有交替学习不同民族和国家的历史，学生才能初步形成历史同时性的印象，当他们在教师的引导下，把这些同时存在的民族、国家的历史进行比较，这种印象就会得到进一步的发展。

对家长提出以下几点建议：

1. 让孩子在学习计划中体现出交替学习

当孩子制订学习计划时，父母可以建议孩子在计划中，标明交替学习的时段。这样，就能形成一种有形的约束，避免孩子可能出现的学习疲劳，延长孩子大脑的兴奋时间，让孩子少承担一些不必要的压力和痛苦。

2. 在计划中控制单一科目的学习时间

对孩子的学习计划，父母可以提出要求，单一科目的学习时间要适当控制。这样，就等于在更短时间内完成单一科目的学习任务，会明显提高学习效率。

3. 重点科目分成几段时间来学习

对孩子的弱项和需要下大力气的科目，可以把每天的学习任务分成几段时间，分别进行学习，这比连续学习的效果更好。

4. 注意文理科交替学习

在学习时间的安排上，要特别注意把文理科错开，这样可以交替使用左脑和右脑，避免疲劳。父母只要耐心讲清楚道理，孩子会愿意听从的。

5. 复习阶段注意同科内的前后交替

在复习阶段，父母可以找一些涉及不同部分知识的综合应用题，引导孩子交替学习同一科目内的不同部分，通过比较分析，可以加深自己对知识的理解和应用能力。

6. 休息时要让大脑疲劳的部分彻底放松

在短暂的休息时间，父母要特别注意，帮助孩子彻底放松，从学习的压力中恢复过来。这时，可以听听音乐、做做运动，也可以出去散散步。

第四章

相信自己就一定能赢

——自信学习习惯的培养

好习惯30. 孩子自信的好习惯

自信心对一个人一生的发展所起的作用，无论在智力上还是体力上，无论是在学习工作中或者是生活中都有着基石性的支持作用。

一个缺乏自信心的人，便缺乏在各种能力发展上的主动性和积极性；同样，孩子如果对自己失去了自信，就很难在学习上有自觉主动的精神。而主动性和积极性对刺激人的各项感官与功能及其综合能力的发挥起着决定性的作用，一个典型的例子是人的记忆力。

据科学研究表明，一般人的记忆功能只利用了人的记忆潜力的1‰，而大多数人都认为我们的记忆水平已到头了，不可能再记得更多了，主观上的松懈，使得记忆神经缺乏刺激，因而与人类所应有的记忆水平相距甚远。

信心就像人的能力催化剂，将人的一切潜能都调动起来，将各部分的功能推动到最佳状态。而潜能高水平的发挥在不断反复的基础上，巩固成为人的本性的一部分，将人的功能提高到一个新的水准。一个人的成长路线如果是沿着这样的积极上升式行进，可以想象其积累效果是非常可观的。在很多伟人身上，我们都可以看到这种超凡的自信心，正是在这种自信心的驱动下，他们敢于对自己提出高要求，并在失败中看到成功的希望，鼓励自己不断努力，获得最终的成功。在人才辈出的国家里，在那些伟人、名人身上同样可以找到自信的催化作用，而且在我们周围的优秀人才身上，也不断放射出自信的光彩。

在知识的培育上，美国的家长普遍反对对孩子灌输太多。灌输作为一种教育方式是有很大局限性的，不仅在对知识传输的有效性上，更主要的是对孩子的自信心有很大束缚作用。美国的家长还经常反对这样一种态度："你还小，懂什么？让我来教你，你照我说的去做。"他们认为这种态度的根据在于对孩子的知识、智力水平的错误评价。不能低估孩子自我观察与学习的能力，他们在赞叹自己的孩子聪明的同时，仍能打破成见，以客观的眼光去发现孩子的智慧，从不对孩子的观点大加鞭挞，横加修改。

美国从小学一年级开始，就有许多的课题选择机会，要求学生自选题目，自组程序，到图书馆、试验室和博物馆做调研，完成课题研究，而在家庭中，父母也尽量提供机会，帮助孩子自己解答问题。这种教育的效果与中国传统的灌输式教育区别是很明显的。因为他们深信会独立思考、有开拓精神的人，都是有自信心支持的结果。这样有利于培养孩子自觉主动的学习能力和精神。

孩子从弱不禁风到自信自强，是一个漫长的过程，这个过程需要父母不断的鼓励，就好像一棵幼苗成长为参天大树需要日复一日的阳光照耀一样。

好习惯31. 孩子用自尊激发自信的好习惯

自尊是自信的沃土，自尊是自信的温床，当孩子的自尊心受到打击，其自信心必是脆弱的，非常容易丧失。

自信的产生和培养不像我们想象的那么简单。我们经常看到这样的事例：一个很自信的孩子，因为遇到了比他更强的孩子，他原先的自信竟会在瞬间崩溃。

有个3岁的女孩叫雯雯，因为活泼聪明而备受称赞。有一次，丽丽的妈妈带着丽丽到雯雯家来玩。当时，雯雯在好多方面都比丽丽强，尤其是她表演的歌舞节目使丽丽和她的妈妈好生羡慕。半年以后，两家人又聚到一块，这时候，原先不如她的丽丽一会儿展示自己的绘画作品，一会儿背诵诗歌，而雯雯只会跟着丽丽玩闹一番。这次聚会结束后，妈妈说："你看，人家多能干，你只会玩。"妈妈的这句批评引起雯雯对丽丽的强烈反感。从此之后，雯雯再也不肯到丽丽家玩，甚至不愿往丽丽家的方向走。丽丽来到她家玩时，她就哭。家人只要一提丽丽，她就发脾气："我不要听，不要看她。"

孩子的心灵是最纯洁也是最脆弱的。原先十分自信的雯雯就因为妈妈的一句话："人家多能干，你只会玩。"自信心居然荡然无存。

这一方面说明孩子的自信心是十分娇嫩的，需要家长细心呵护。另一方面，也和家长没有注意培养孩子的自尊有很大关系。

当丽丽在表演她的绘画和诗朗诵的时候，雯雯并没有觉得自己不如丽丽，可是雯雯妈妈那句评价，却让孩子的自尊心受到了极大的伤害。自尊都没有，何来自信？自尊自信消失了，而不健康的嫉妒排斥心理却占了上风，家人连丽丽的名字都不能提，这对孩子的心理发展是极其有害的。时间长了，孩子会变得自卑、狭隘，还会形成心理障碍。

比较合适的教育应该是这样的：当丽丽在展示自己的绘画、诗歌才能的时候，雯雯的母亲在称赞丽丽的同时，顺便提出："丽丽表演了这么多好的节目，我们雯雯也很能干，歌舞表演得很好，来，雯雯，跳个舞怎么样？"

当孩子看见别人比自己能干而丧失自信时，妈妈可以帮孩子找出自己的优点，告诉她不比别人差。妈妈还可以在一个合适的时候，用一种神秘的口气对她说："妈妈告诉你一个秘密，你知道丽丽为什么那么能干吗？我知道她的秘诀，我现在就把这个秘诀告诉你，那就是勤学苦练。如果你希望像她那么能干，那么只要你肯学肯练，妈妈相信她能做到的事，你也能做到，甚至可以比她做得更好。"

当然，这位母亲在已经刺伤自己的孩子的情况下，就得设法消除那次不良刺激在孩子心灵里留下的痕迹，最好的方法是近期内不要和那个女孩接触，也别提她的名字，让孩子逐渐淡忘此事，与此同时，鼓励孩子发展自己的特长。这个母亲可以根据孩子要强的个性，对孩子说："妈妈相信你能比别人做得更好。"

最重要的是，是要把握这样的原则：每个孩子各有特点，不能以别人的长处来比自己孩子的短处，更不应该以此否定自己的孩子。尤其对要强的孩子更要注意。孩子要强并不是坏事，一旦遇到更强的对手，觉得自己不如别人的时候，要强的孩子就觉得难以接受，觉得自尊心受伤，他还不知道每个人都有自己的特点，各有所长，即使别人在这方面比自己强，自己也可能在其他方面比别人强。

再退一步说，就是自己各方面都比不过别人，也应当有生存的自尊。人类尽管有许多瑕疵，仍然是大自然创造的最美妙、最杰出的生物。年幼的孩子不明白这些道理，所以，他们的自尊才特别需要保护，只有保护自尊，才谈得上自信心的培养。

另外，孩子在遭受挫折和失败的时候，是最容易失去自信的。在这个时候，往往很容易忘记个人的存在价值，开始妒忌同学、他人。在妒忌中下意识地比较会使他更沮丧，更加一味指责自己，严重挫伤自信。遇到这种情况，家长要教会孩子只同自己争胜。只要自己比昨天有了进步，或者说尽了努力，就可以为自己感到骄傲。

帮助孩子建立自信心，首先要帮助孩子找回自尊。而只有父母学会尊重孩子，孩子才会渐渐学会自我尊重。

好习惯32. 孩子从小有自信心的好习惯

对年龄较小的孩子培养自信心，有些家长可能不以为然。许多事实已经表明，自信心的从小培养尤其重要，它是孩子成功的催化剂，伴孩子一步步跨入成功的大门。

1999年3月，大型刊物《跨世纪人才》对科技大学少年班的卞迁作了重点介绍，山东电视台的专题片《博士故乡小博士》播出后，又一次引起社会的震动，卞迁的父母讲卞迁成功的最主要原因便是自信心的从小培养，下面是卞迁父母的一段文章，看卞迁的父母是如何从小培养卞迁的自信心的。

对只有几岁的孩子培养自信心，有些家长可能不以为然。其实，这是非常必要的。我们从卞迁成长的过程来看，他最大的弱点就是缺乏自信，卞迁学习上每一次成功都是树立自信心的过程。应该说，一个充满自信、不畏艰难、勇往直前的孩子，才是最有出息、大有希望的孩子。但自信不是天生的，是点点滴滴培养起来的。

我们是如何培养卞迁自信心的呢?

首先，我们真诚地爱孩子，尊重孩子的爱好和意见，尽量满足他的合理要求，从不高高在上，轻易指责甚至打骂孩子。孩子一旦有了成绩和进步，哪怕是极其微小的，我们都给予及时表扬，使孩子感受到父母的关怀，在家庭中他不是无足轻重的，从而树立起必要的自我意识。

其次，我们对孩子表现出信任的态度。孩子好奇心强，什么事情都愿自己去做，但有时做得并不好。三四岁的时候就常常自己刷碗，有时小手拿不住，碗就掉在地上摔碎了，害怕得哭起来。这时我们从不责怪他，而是开玩笑地说："旧的不去，新的不来。"同时，教给他洗碗的方法。如果这时候责怪孩子，就会损伤孩子的自尊心，进而使他丧失自信心，感到自己就是不中用。父母要多以尊重、引导、支持的态度对待孩子发自幼小心灵的任何创新和尝试，增强孩子的自信心。孩子虽小却具有巨大的学习与发展潜力，每当孩子学习遇到困难、有低落情绪时，我们总是鼓励孩子，并常常说："卞迁，不要怕，我们相信你一定能行！"

再就是，我们对孩子的期望一直十分适当。"望子成龙，望女成凤"这是广大家长共同的心愿，但应考虑自己孩子本身的特点和能力，不能主观地总以过高标准要求孩子。标准过高，孩子达不到，屡遭失败，产生持续失败的挫折感，积累"我不行"的消极体验，容易使孩子丧失自信心。卞迁从入学到顺利升入大学，每一次期终考试，我们从来未给订过班级第一名的目标，即使他自己制订了这样的目标，我们也给予修正为前5名或前10名。因为考试时情况是多变的，一时把握不好，几分之差也会使名次有大的变动。这样制订的目标，会使他心里踏实。他虽然仍经常取得第一，但获不了第一的情况也是有的，这时他不会有太大的失落感。也有的时候他拿不了第一，有的人就以为他不行了，没有竞争实力了，而我们心中十分平静，从不责怪孩子，我们认为这是完全正常的。我们经常告诉他，学习是一个循序渐进的曲折过程，成绩是呈波浪形发展的。

孩子的爱好、趋向，并不是父母能左右的。父母只能去发现孩子的特点，去引导他们的志趣，不能强行改变他们的意志，这样才有助于提高和增强他们的自信心。很难想象，一个家长作风严重的家庭，能培养出自信心强的孩子！一些父母为了维护自己的尊严，迫使孩子接受自己的意志，孩子虽然服服帖帖接受了，但丧失了最可贵的自信心。因此，作为一家之长，应摒弃家长作风，使家庭中的每个成员包括孩子的正确意见，都能得到应有的尊重。

对缺乏自信心的孩子，要特别注意关照。在培养过程中，不管孩子的想法多么幼稚，所做的事情多么简单，只要是认真做了，都要及时肯定，千万不可泼冷水，挫伤孩子的积极性。成功的家长应当是“保护自信，培养自信”的人。

孩子最需要自信，也是最容易培养自信心的时候。父母如果认为孩子还小，不懂什么自信，这对于孩子以后的成长是非常不利的。

好习惯33. 孩子树立坚强的自信心的好习惯

“骐骥一跃，不能千里”，铸造孩子坚强的自信心是一个漫长而曲折的过程，需要从一点一滴做起，从一言一行和一举一动做起。

孩子的自信心是家长一点一滴培养和树立起来的。一位有经验的留美华人这样写道：“那天，我女儿班上年龄最小的同学姗姗在我家画画，女儿要和她出去玩时，我顺手要把一堆涂抹得乱七八糟的纸张扔掉，姗姗见状急步过来对我说：‘阿姨，别把这些画扔了，我还要带回家去呢。’见我没说什么，她又问：‘你不喜欢我的画吗？我妈妈一定会喜欢。她告诉我，不管我做什么她都喜欢，因为她爱我，我是天下第一。’看着姗姗的那认真劲儿，我知道，她的自信在妈妈的培养和鼓励下已经根深蒂固了。我自愧不如姗姗的妈妈，她的言行举止，在潜移默化地使孩子树立信心，而我险些将孩子的自信心毁掉。”

还有一位留美多年的华人深有感触地说：“你可千万别随便批评美国孩子，哪句话说不好，人家就会告你一状。”原来，她曾临时帮美国人带孩子，那个小姑娘边看电视播出的冰上舞蹈节目，边在那里笨手笨脚地模仿。她边跳边对这位华人说：“阿姨，你看我跳得是不是最好？”这位华人好心而又认真地对她说：“你现在还不是，你要努力，才可以做世界第一。”这话在中国人听来没一点问题，既实事求是，又有鼓励鞭策。谁知那个美国女孩听后却哇哇大哭起来，像是受了天大的委屈。可能她一直都在妈妈的认可和鼓励下认为自己是最好的，而这位华人随便一句话，无形中严重挫伤了孩子的自信心。可见中国人的处事观念与美国人不一样。

在美国，不管孩子长得多丑，别人都不会对他们说真话，而是告诉他们长得有多么可爱，多么讨人喜欢。

即使在某些孩子的重要性被忽略的家庭，美国的大环境也会时刻提醒家长和孩子要关注自己。

曾有一个三口之家到餐厅用餐，服务生先问母亲要点什么，接着问父亲要点什么，之后问坐在一边的小女儿“亲爱的，你要点什么呢？”

女孩说：“我想要热狗。”

“不可以，今天你要吃牛肉三明治。”母亲十分坚决地说。

“再给她一点生菜。”父亲补充道。

服务生没有理会父母的提示，目不转睛地注视着女孩问：“亲爱的，热狗上要放什么？”

“哦，一点西红柿酱和黄酱，还要……”她停下来怯怯地看一眼父母，服务生一直微笑着耐心等着她。女孩在服务生的目光鼓励下说：“还要一点炸土豆条。”

“好，谢谢。”服务生转身径直走进厨房，留下两位半张着口，吃惊不已的父母。

“你们知道吗？”女儿避开父母的目光，望着远处轻声细语地说：“原来我也没当真的。”

可以想象，这个服务生带给女孩的不单单是平等，更多的是自信。

在美国，家长对孩子常说的话是：“你是最美丽的、最聪明的孩子，长大后一定会当总统！”“失败怕什么，这次不成，下次不就成了嘛！”“啊，考了80分，不错呀！比老爸当初强多了。”

更多的是从家长的嘴里吐出“孩子，我为你骄傲”之类的话。

安卡拉的女儿各方面都发展得很好，在小学曾是令小朋友们羡慕的楷模，学习的榜样。在女儿学有余力的情况下，她让女儿跳了两级上了中学。到了中学，由于连续几次考试成绩都不理想，活跃的女儿变得沉默寡言了。安卡拉在和孩子聊天时，孩子流露出了中学的学习没有小学有意思的思想，安卡拉为之一震。她没有急于给孩子讲中学学习知识的重要，也没有后悔当初让孩子跳级，而是像往常一样站在女儿的角度，去思考女儿的难处。女儿从学习成绩冒尖到学习成绩落后，孩子没有了过去的优越和自豪，心理是难以平衡的。同时，孩子对于中学的学习方法还没有摸着门，怎么会觉得有意思呢？安卡拉认为，孩子的关键问题是失去了以往的自信，只要重新唤起女儿的自信心，帮助孩子尽快地适应中学学习的规律，孩子一定还能学得很好。在认真准备的基础上，安卡拉经常向孩子指出孩子想不到的自己正在取得的进步，具体地帮助孩子复习每天学习的知识内容，引导孩子在课前总结重现知识。当孩子的学习成绩有所好转后，家长开始教给孩子课前预习、课后复习、章节小结等学习方法，变被动的学习为主动的学习。孩子在主动的学习中重新认识了自己的学习能力，对自己能学好中学的知识充满了自信心。安卡拉从细微处帮助孩子恢复了在学习上的自信，帮助孩子跨过了中学学习中的知识障碍、方法障碍、心理障碍，使孩子信心百倍地投入到学习之中。

这些美国家长在家庭教育上的成功经验告诉每位家长，家长要像爱护襁褓中的婴儿一样爱护孩子的自信心，并加倍小心地培育孩子的自信心，当他们自信的翅膀长满了丰满的羽毛时再让他们经受风雨。家长要点点滴滴地帮助孩子不断清理心理上的畏惧感，使孩子的学习处在轻松的心理环境中。要想让孩子成就大的事业，就要通过大人的言行举止使孩子增强自信，让孩子相信运用自己的知识、能力和才干，能够圆满地完成预定的学习目标和计划。

多学学美国家长的教子之道吧。坚信自己的孩子是世界上最棒的，经常对孩子说："孩子，你真行！"孩子就会真的向你殷切期望的那个方向发展。

好习惯34. 孩子树立信任是自信的源泉的好习惯

一个人之所以自信是因为他首先获得了他人的信任；而失去了他人的信任，其信心也必将受挫。晓于此理的父母就不难理解孩子在信任的环境中更容易走向成功的奥秘。

王威是同龄人中的佼佼者，似乎命运对他特别恩宠，14岁考入中国科技大学少年班，在大学毕业的同时通过了托福和GRE的考试，获得了赴美国读研的深造机会……

有句家教格言：有什么比孩子的自信更能使他走向成功的呢？在孩子的成长过程中我们感到，孩子的自信源于家长的信任。王威正是在家长的信任中，养成自信一步步走向成功的典范。

据王威的妈妈讲，在王威的成长过程中，作为父母，他们似乎并没有给予王威多少特殊的照顾。但经过和他细致地交谈之后，笔者感到，王威的父母是将对王威的教育渗透在平凡的日常生活之中了，这种教育是自然的，但又是极具持久性的，也是最有效的。他们在王威心智发展的最初时期，注意对他的引导教育，使孩子早早地形成了良好的接受各种知识的好习惯，在孩子接受正规的社会教育后，他们则不必在孩子爱不爱学习、学习成绩好坏上操心，甚至可以在孩子上小学甚至上中学学习知识的关键时期离开孩子出国工作。在父母的眼里，王威只是他们工作的一部分，是家庭中的一般的成员。父母在王威很小的时候就非常注意平等地对待他。孩子与父母的交流是建立在自愿的基础上，交流中父母几乎没有对孩子发号施令过。在父母面前王威没有什么不敢讲的，只要他愿意，父母就会像同事间探讨问题那样听他从头至尾地把事情说完。小的时候听完王威对某件事情的陈述后，父母还要告诉他像这样的事情更清楚更简练的表达方式，当王威大点后父母只是就事论事地谈出自己的观点。他们从没有否认过孩子对问题认识过程中的观点，在琐碎的生活中，父母对他所施加的影响是自己对工作的兢兢业业、生活态度的严谨和努力进取的求知精神。对于王威在上学期间一般的家长都非常重视的学习问题，他们则很少过问。他们更相信通过自己的所作所为、一言一行，为孩子树立榜样，鞭策孩子求上进，不断取得进步的重要性，通过家长的具体言行，让孩子去体会作为学生应该怎样对待自己的学习。

王威的妈妈回忆起他们夫妇轮流出国或同时出国的那段日子时这样说，也许是我们在无意中创造了有益于孩子个性发展的生活和学习的环境。王威虽然是个独生子，并没有享受到特殊的生活待遇，也没有从父母那里得到现在独生子女们能得到的一切。而更多的时候是父母同时出国或轮流出国工作，留下他独自地生活。这样的家庭背景，无形中给王威提供了一个要依靠自己去实现自己心中的目标的生活环境。长期的学习和生活的独立，使王威在心理上比同龄的孩子显得成熟，对事物的分析能力强于班里的其他同学。小学期间他就表现出了对学习上的事情十分的重视，在学习知识上他非常认真。对自己在学习上有超出年龄的要求，在没有家长督促、没有老师要求的情况下，自己找书看，找题做。没有父母陪伴的家庭生活是孤独的，但是王威的心全然地放在了书堆里，他在书中找到了寄托和安慰，只要有书他就没有孤独感。在广泛的看书学习中，他的知识范围在渐渐地扩大，知识的积累使他能从容地对待上课老师教的那点知识。上课时他思维活跃，常常成为课堂上求解难题的关键人物；由于阅读的课外书多，他写的作文内容充实，文笔也流畅，他的作文常常作为范文在班里宣读。在老师的心目中，王威是个出类拔萃、好学聪明的好学生。

王威上小学五年级的时候，他所在班级的老师接到中学招收少儿实验班的简章后，就向学校的领导极力地推荐王威，希望学校给王威一次报考的机会，并主动写好推荐信，向中学介绍王威的情况。首届少儿实验班招生时必须有原小学的推荐信，以确保考生的学习水平和能力。王威得知这一消息时并不理解少儿实验班的具体的含义，只知道要通过考试才能被录取。很巧，王威的母亲那一段时间正好回国，便带着王威来到了少儿实验班的报名处。细心的母亲虽然对孩子的学习水平还了解得不具体，但是他在孩子学习的环境中看到孩子身边的图书内容就已经明白了孩子在学习上的努力程度。她不仅给孩子报了名，还详细地询问了少儿实验班的办班原则、教学安排等事宜。她感觉，自己的孩子除了智力上是否超常家长无法知道得更具体因此没有办法把握外，其他的方面按招生简章的要求孩子都能达到。她没有给孩子提什么要求，也没有在孩子面前多说报考少儿实验班竞争激烈的困难，而是问孩子："你考不考？"当王威对母亲说："试试吧。"母亲才在家长推荐的一栏中填写了自己对孩子的推荐理由。

参加少儿实验班考试的那天早上，王威在家里吃了鸡蛋喝了牛奶还觉得没吃饱，在去考场的路上又吃了半斤包子，这才心满意足地来到考场，母亲看到他心理如此放松心里反倒没了底，因为王威对待学习上的事情从来都是很谨慎，没有见到他在考试时还如此地不当一回事儿。当王威在考场上做完那些蹩脚的心理能力考题后，一种兴奋感油然而生，他感到做题过程是那样过瘾，此时，能考上少儿实验班已经成为他的一种渴望。经过又一次的筛选，王威终于实现了自己的愿望，以10岁的年龄、小学五年级的学业水平，考取了中学的少儿实验班。

孩子考上了少儿实验班后，母亲又要出国工作了。刚入学时，由于王威不够住校的条件，因此住校的申请没有被批准。在父母都出国工作的情况下，他每天自己料理生活，自己管理自己的学习。过了一段时间后，一次偶然的机会，老师发现他下学并不急于回家就随意地和他聊天，这时才了解到他的家庭的特殊情况，随后尽快解决了他的住校问题。

住校后，他的学习时间更充裕了，与同学之间的交往也更多了。在小学他学习的能力和学习水平是没人能比的，到了少儿实验班后，他的学习能力和水平就有点不值一提了。在第一次摸底考试卷子发下来的时候，王威都不敢相信拿在手里的卷子是自己答的，他从来没有得过这样差的成绩。当老师给孩子们解释考试的目的是老师要了解每一位同学的学习情况，并要依据考试中反映出的问题有针对性地组织教学后，他才踏实下来。

他对自己充满信心，只要努力，自己在班里的情况是不会差的。父母在出国时给他留下的嘱咐是：你有现在的成绩是你自己努力换来的，你要想达到新的目标就还要继续努力。王威看到身边的同学一个个不仅聪明好学而且还很努力，他就更不敢怠慢了。他除了认真利用时间掌握老师课堂上讲授的知识外，还尽可能地提前学习一些知识，做好预习，力求走在老师的前头。在自学中他不断地与同学交流，在与同学相互的给予中他的学习水平提高到了一个较高的层次。

他在学习的时候最烦为了比赛而组织的学习。那时，学校常常组织学生参加竞赛，一方面可以促进班里的学习，另一方面也可以使学生开阔眼界。不过，为了有所准备，竞赛前，老师都会有针对性地做些讲解，组织有关知识的学习。每逢这种时候，极有个性的王威只参加学习而不去参加比赛，他认为了解掌握了知识就达到了目的，参加不参加比赛是次要的，尤其参加比赛要用星期日的整天时间，还不如按自己的安排学习新的知识。由于王威对问题有自己的主见，而且不会轻易地改变，经多次的劝解他还是不参加任何的学科比赛，表现出了极强的个性。不过有一次测试他没有参加，到现在他还在后悔。

那是在1987年的夏天，经多方的努力，美国霍普金斯大学委托某科研单位在北京进行少年数学天才的测试，少儿实验班的同学得到了这次难得的机会。学校在组织参加这次测试中，为了使学生们能在没有任何心理负担的情况下参加测试，在测试前没有着意地强调测试的意义和测试的性质，只是要求同学们认真地参加测试。王威以为这是没有多大意义的一般性测试，所以就没有参加，直到测试的结果公布后，班里有相当多的同学得到了美国颁发的数学天才少年称号的证书时他才恍然大悟，他真的后悔了，因为，像这样的测试是很难找机会弥补的。他深知自己未必不是数学天才，只是没有抓住证实自己是天才的时机。从此，他对任何事情不再是简单地有主见了，而是注意征求老师和同学的意见，注意吸取他人的有益意见来弥补自己认识上的不足。

少儿实验班四年的学习时间不算长，但他在这不算长的时间里学习到了同龄人要学习七年的知识。面临少儿实验班毕业，王威开始了对人生的又一次选择。这次母亲有机会为他参加了一次家长会，会后家长很不好意思地对老师讲："孩子考大学的事老师多操心。没有办法，我又要出国工作了。过一段时间，王威的父亲就要从国外回来，遗憾的是我和他的父亲碰不上面，一切由老师做主。"面对报考志愿这样重大的问题，王威参考老师的意见由自己做主报考了中国科技大学，这一年他刚好14岁。接到科技大学的复试通知时他的父亲回国了，父亲陪他一起到合肥参加了大学少年班的复试，结果他如愿地考上了科技大学少年班。

王威上大学后，父母依然各自在国外忙自己的工作，对孩子在人生道路的选择上只是提些参考意见。王威在大学毕业的同时通过了托福和GRE的考试，并获得了赴美国读研究生的深造机会。读研究生期间，他在两年的时间里获得了硕士学位，并开始在一家著名的公司工作，他工作得十分出色，展示了自己极强的工作能力。当王威要到硅谷发展他的计算机事业的时候，公司老板以高薪挽留他，由于他刚刚在公司附近买了房子，又由于公司真诚的挽留，他暂时留在公司继续工作，不过，他只想在工作期间增长生活和工作经验。他还有继续攻读博士学位的打算。那年他24岁，有着年龄上的优势，有着良好的学习基础，有着很宏伟的生活目标，正为自己的目标继续像过去那样努力，以取得更大的成功。

一定要相信孩子的能力，给予孩子以充分信任，这等于是传递给孩子"我行！"的意念，这样才能不断促使孩子增强自信心，同时在这种自信心的驱动下，自觉主动地探索，取得学习的成功。

好习惯35. 孩子克服自卑心理的好习惯

自卑是一种性格上的缺陷，它会腐蚀孩子学习的主动性和积极性，它会对孩子的健康成长构成严重的危害。

自卑是一种性格上的缺陷，来源于心理学上的一种消极自我暗示，表现为对个人能力和品质偏低的评价。

9岁的王倩倩自尊心特别强，以至到了一种自卑的地步。倩倩相貌不够出众，她觉得自卑，认为不会有人喜欢她；她的成绩不算突出，她也自卑，认为老师会讨厌她；她为体育课成绩自卑，为自己某天穿的衣服不够好看自卑。总之，王倩倩为一切有理由自卑的事情而自卑。所以，她不喜欢说话，不喜欢笑，逃避妈妈的关心，常常一个人默默地关在房间里，让她的妈妈非常担心。

产生自卑感的人经常胆小、怯懦、孤独、沉默，不喜欢交际，缺乏知已，活动能力差，进取心不强，更多地考虑自我，对人不够热情，常常回避群体活动，缺乏自信心。这样一个自卑感强的人，是很难做出成绩来的。一个人小的时候，正是学习功课、掌握知识的重要时期，此时如果产生自卑感，对于孩子的成长是非常不利的。自卑的孩子对自己的能力和潜能失去了信心，他们不会积极主动地去求知学习。所以，作为妈妈从小就要培养孩子的自信心，帮助孩子克服自卑感。

孩子自卑感的产生，一般有以下几个原因：

由于目标定的过高，如考试失误等接连遭到失败或挫折的打击；与他人相比在某些方面存在劣势，包括某些生理、心理缺陷等，以致造成不良的自我暗示、群体的消极暗示，等等。

克服自卑感，要根据这些不同的原因，对症下药，以便解决问题。

要孩子克服自卑感，首先父母自己要有自信心，否则就不一定能成功。妈妈要多教育孩子，让孩子知道任何人都有自己的优点和缺点，无论是身体方面还是其他方面，要使孩子能够扬长避短。妈妈要多鼓励孩子。

美国参议员艾摩·汤玛斯，在小时候因身体原因，就有着较强的自卑感，他的妈妈就是这样做的。他的妈妈这样说过："……儿子，你的身体不太好，你可以用你的头脑为生，用自己的良好语言表达能力、宣传鼓动的力量……"因此，艾摩在妈妈的教育下，避开了身体上的劣势，克服了自卑感，终于获得了成功。

父母可以多给孩子讲，很多人都有着自己的缺陷，都会产生自卑感，关键要能够克服自卑感。

俄国文学家列夫·托尔斯泰，曾为自己相貌不扬而自卑。据说，从孩提时起，他就对自己容貌不扬而非常敏感。他感到苦恼，像自己这么丑的人，可能一辈子也不会取得成功。他的眼睛不但小而且还是凹进去的，前额窄，嘴唇厚，鼻子像大蒜头一样，耳朵大得令人吃惊，打个比方来说，好比是一个大猩猩一样。他在校时，老师对他的评价也是不高的，老师说他哪方面都不行。但他终于克服了自卑，扬长避短，不去当演员，不被不良评价所影响，最后终于写出了《安娜·卡列尼娜》等文学名著，成为世界级的文学大师。

亚里士多德、达尔文、伊索、拿破仑都有口吃病，亚历山大、莫扎特、贝多芬、拜伦都因身体佝偻、口吃、身材矮小、耳聋等而产生过自卑感，但他们不因此而灰心，不丧失生活的勇气。他们坚定了成就大业的信心，结果都取得了成功。如果他们克服不了自卑感，是不可能取得成功的。

爱因斯坦在校时被称为不爱学习的孩子；爱迪生的绰号叫笨蛋，是学习劣等生；拿破仑的学习成绩曾排在第42位；丘吉尔则两次大考落榜。但他们并没有因此而自卑，相反，都取得了成功。

父母可以用事实帮助孩子克服自卑感，增强自信心，从而使孩子健康成长。

产生自卑感的孩子经常伴随着灰心与失望，这是影响通往成功之路的一大障碍。帮助孩子克服自卑，建立自信是家长的重要职责。

好习惯36. 孩子用乐观产生自信的好习惯

乐观远远超出了比较自信的思维，是习惯性的思维。词典中的定义是这样的，乐观是“一种性格或倾向，使人能看到事情比较有利的一面，期待最有利的结果。”

根据《乐观儿童》的作者、心理学家马丁·塞利格曼所称，乐观不仅是比较迷人的性格特征，它也能使人对生活中的许多困难产生心理免疫力。他做过高达1000次的研究，研究人数达50万（包括成人和儿童），结果发现，乐观的人不易患忧郁症，在学校和工作中都更容易成功，而且令人吃惊的是，身体比悲观者更健康。他的最重要的发现是，即使孩子天生不具备乐观品性，也是能够培养的。

人生活在复杂的环境中，遇事抱有乐观的态度还是悲观的态度，不仅体现了一个人心理承受能力的高低，更有现实意义的是，能否使自己从困境中走出来，以乐观的情绪去赢得成功的机遇和希望。长期自卑会使人精神脆弱，总是担心不幸的事情将会来临，整天忧心忡忡，对工作学习失去信心。在漫长的生活中形成对事物的乐观态度，孩子的成长就会更顺利些。

孩子在生活中经常会碰到老师的批评，同学的欺负，家长的训斥，也会遇到学习上的困难，在这种情况下，往往会朦朦胧胧地感到自己能力不足，这些足以使一个对生活没有经验、持悲观态度的幼小心灵产生恐惧感，从而丧失学习的主动性。如果处理不当就会出现我们不愿意看到的不良的后果。在孩子的成长中需要乐观情绪的鼓舞，成人后更需要持乐观的态度去争取人生的幸福。

乐观的性格是能够培养的。由于孩子生活的空间主要是家庭和学校，因此家长和老师应注意对孩子乐观性格的引导与塑造。

孩子会模仿家长的行为，把你的优缺点一并吸收。如果你是个悲观主义者，那么你的孩子也会那样思考问题。如果你希望他们养成乐观品性，那么你必须改变自己的思维方式，做一个乐观的表率，身体力行地塑造孩子乐观的性格。

教育专家认为培养孩子的乐观性格，应该提倡快乐教育。其实，孔子很早时就已经有了快乐教育的思想萌芽，他曾说："学而时习之，不亦乐乎？"另外，陶行知先生也曾经提到：把校园变成乐园。毛泽东更是指明：要让学生生动、活泼、主动地发展。

中国教育学会副会长顾明远教授指出：关于快乐教育，它的本质、目的就是让学生生动、活泼、主动发展。它不是一个方法问题，只有经过教育思想的转变才能达到这一目的。他尤其强调快乐教育要营造四个环境：愉快和谐的学习环境；多彩自主的活动环境；友爱融洽的人际环境；优美文明的校园环境。实施快乐教育的关键是：转变教育思想，严格管理学生，减轻学生负担，提高教育教学质量，争取家长社会配合。

可能许多家长会有一种偏见，觉得我们搞快乐学习就是让孩子放开了玩，怎么开心怎么来，完全像是哄孩子做游戏，和传统教育中的刻苦努力、拼搏上进是水火不容的，其实不是。快乐教育中"快乐"与平常提倡的"刻苦"并不矛盾。

心理学表明："快乐"与"痛苦"、"刻苦"与"懈怠"是对立的，而快乐与刻苦完全可以结合在一起。如果孩子造一个句子"我很快乐，因为我在刻苦学习。"难道不对吗？

过去我们往往忽视了孩子的兴趣、心理、个性等因素，一味"死教"，那是一种强迫学生学习的教育。强迫学生学习，他们是被动的，会感到痛苦，而在这种氛围之下学生很难取得良好的学习效果；快乐学习并不是创造了一种新方法，实质是让学生喜欢学习、主动学习，要减轻学生心理上的压力，要相信学生是愿意学习的，是有旺盛的求知欲的。家长应该从学生的身心发育特点、个性习惯、认知思维方式等方面入手，要想方设法把学生学习的外部动机转化为内部动机，培养学生学习的兴趣，使他们主动要求学习，这样，学习效果将会大大改观。因为强迫学习只是给学生施加了一定的外部刺激，而当学生处于被动学习状态时，这种外部刺激是非常容易失效的。只有通过快乐教育，让学生发自内心地对学习产生兴趣，变被动为主动，这种内部动机才能持久地激励学生刻苦努力地学习。如果教育不去设法在学生身上形成这种情绪高涨、智力振奋的内部状态，那么知识只能引起一种冷漠的态度，而不动感情的脑力劳动只会带来疲劳。

可见，快乐教育不仅能诱发和培养孩子乐观的性格，更重要的是促使孩子自觉主动地学习，非常有利于孩子的学习成绩的提高和健康成长。

只有孩子看到了学习的光明前景，看到了未来的成功，他们才会积极主动地去学习。因此，培养孩子乐观的性格是促使其自觉主动地求知的必然要求。

好习惯37. 孩子用性格决定自信心的好习惯

早期诱发理论认为，人的性格是在后天的环境中逐步形成的，自信的性格可以通过实践逐步培养，自卑的性格也可以通过实践予以改塑。

性格，到底对孩子的学习有没有影响？许多家长并不太注意，总觉得孩子还小，性格好坏，无碍大局，及至孩子渐渐长大，不良性格已经形成，又觉得已成定局，无法改变了。这两种认识都是片面的。小孩子的性格品质和智力发展是密切相关、相辅相成的。

少年大学生几乎都具有自信、坚强、乐观、百折不挠的性格。中国科技大学少年班曾对少年班学生作过心理测试。测试题目中有一条："认准一个目标就希望尽快实现，不达目的，誓不罢休。"认为这一条符合或比较符合自己性格的占76.2%，可见强烈进取、持之以恒是少年大学生的性格特征。美国著名心理学家特尔曼教授和他的学生柯克斯博士曾对1450～1850年四百年间出现的301位伟大人物进行了研究，发现他们在青少年时代，都具有坚强自主、不怕困难、勇往直前、自信向上的性格特征。

自信向上的性格在青少年成长过程中的作用如此之大，可自己的孩子还没有养成这种性格，甚至已经有了自卑、孤僻、懦弱或冲动的不良性格，怎么办呢？

早期诱发理论认为，人的性格是在后天的环境中逐步形成的，优良的性格可以通过实践逐步培养，不良的性格也可以在实践中改塑。

不过，人的性格千差万别，不可能有一个统一的"一用就灵"的办法。但有几条原则可供家长们塑造孩子性格时参考。

1. 家长和孩子要确立改塑性格的信心

孩子现有的性格是否属于自卑性格，家长应该有一个明确的认识，而且双方认识应该一致。既然都认为已有的性格不好，应当改塑，就不必灰心丧气，更不能破罐子破摔，明白"性格是可以重塑的"道理，确立起建立自信向上性格的信心。

2. 帮助孩子学会正确地进行自我分析

随着年龄的增长，孩子的自我意识越来越强，自我分析也就随之产生。但是，孩子年龄毕竟还小，自我分析能力弱，不能获得正确的结论。有了一点成绩，就沾沾自喜；遇到一点困难，又会垂头丧气。沾沾自喜一多，容易产生高傲的性格；垂头丧气一多，又会养成自卑的性格。

有个女学生叫张雪莹，长得很漂亮，又弹得一手好琵琶，15岁那年从外校转到市二中。刚转学那阵子，行动极为孤僻，班上组织到郊区劳动也不愿去，同学们说她太娇气，不理她，这使她更孤僻悲观。班主任老师和家长一起找她谈心，才明白，她刚转学时有两次课堂提问没答对，产生了自卑感；又由于患有夜尿症，怕出去劳动时和同学住在一起，被人发现自己尿床，所以不愿去农村劳动。

班主任知道情况，不仅替她保密，而且一边督促家长带孩子去就诊，治好了夜尿症；一边在公开场合表扬她是个不怕苦的学生，学琵琶时手指磨破了都不叫痛。终于使这个孤僻、自卑的姑娘成了活泼、自信的好学生。

3. 指导孩子从自信性格认同中，决心重塑自己的性格

所谓"认同"，是指认定自己和某一对象具有或可以具有相同特征的心理过程。性格认同，就是认定自己和某人性格一样，经过努力可以实现。家长在日常生活中常常给孩子讲述先进人物、英雄人物、优秀学生的故事，可以讲述孩子身边的优秀中小学生的故事，还可以将孩子和具有自

信性格的孩子组织在一起，学习、读书、画画、弹琴等，激发孩子向自信性格认同，达到改塑性格的目的。

4. 在家庭中，家长随时注意指导孩子自我排除心理障碍，学会自我调节自己的情绪

家长促使孩子摆脱自卑情绪、不良情感，使其心理障碍及时得到化解，也就不会导致自卑性格的形成。例如，孩子有了苦闷，要让他尽量诉说，发散其情绪，不要让他的委屈长期压在心头，更不要不问青红皂白地批评斥责；还可以回避孩子敏感、忌讳的话题；或者转移孩子的思路，减轻心理负担，如此等等。因为家长对待孩子的态度，往往是孩子自信性格形成的重要因素。

总之，塑造孩子自信的性格，对孩子一生的成长都很重要。

目前市面上有很多帮助家长塑造孩子性格方面的书籍，家长们可借鉴参考，但重要的是因材施教，对待孩子切不可生搬硬套书本上所讲的理论。

好习惯38. 孩子营造自信型家庭环境的好习惯

在家庭中，母亲不仅要当慈母，还要扮演贤妻的角色，与丈夫的关系要融洽、和睦，为孩子要营造一个自信而温馨的家庭氛围，这极有利于孩子自信性格的形成。

在家庭中，母亲不仅是孩子的母亲，也是丈夫的妻子。对孩子的教育，主要是通过母亲的身份而得以进行的，但从另一个角度看，在孩子的眼中，称职的妻子会与合格的妈妈一样有威信，母亲可以通过妻子的角色和与父亲的关系间接地对孩子产生影响，以达到教育目的。

因此，在教育孩子的过程中，仅仅做一名好母亲是不够的，还要做一名好妻子。

作为母亲，在扮演妻子的角色时能对孩子产生影响的重要因素，首先需要探讨的是家庭关系的基础——夫妻关系。诚然，即使是通过幸福的结婚生活而获得了孩子的家庭，一旦夫妻之间缺乏爱情或者感情冷淡时，这种家庭气氛不仅会影响孩子的性格，也会使母亲自身对待孩子的态度发生变化。换言之，母亲会把倾注给丈夫的爱情转向给孩子，而且还会像爱丈夫那样去爱孩子。作为一种补偿，母亲会通过爱孩子去满足对丈夫的爱情的不满。

由于这种爱不是来自父母的自然的爱，必定会出现偏颇，由此就表现出娇惯、保护过度的态度，即溺爱的态度，单亲家庭的问题是一个典型的特例。

由此可见，当夫妻之间的关系发生了裂痕时，就会对母亲对待孩子的态度产生很大的影响。

因此说，夫妻之间的爱情对创造幸福家庭以及培养出具有情绪安定性格稳定的孩子是最为重要的。

作为母亲，最重要的就是与父亲的关系要融洽、和睦。

在家庭中，孩子最不愿意看到的事就是父母之间发生冲突，如吵架等。

这样孩子会感到恐惧和忧虑——感到恐惧是因为家庭受到了威胁；感到忧虑是因为他实际上是或自认为是家庭不和的原因。无论是否有道理，孩子都会这样想，他们是家庭不和的根源。

况且孩子在父母的冲突中也不可能保持中立，他要么站在父亲一边，要么站在母亲一边。

其后果是他的性格发展会因此而受到危害。当男孩子站在父亲的对立面或女孩站在母亲的对立面的时候，孩子就将没有合适的仿效对象。这一点会在以下几个方面表现出来：

（1）讨厌仿效父亲和母亲的性格；

（2）不愿学习他们的道德观念；

（3）拒绝模仿他们的行为举止。

在某些情况下，孩子还可能走向极端，在性别分辨上产生混乱：如果男孩拒绝站在母亲一边或女孩拒绝站在父亲一边，那么，他们长大后可能对所有的异性产生怀疑和敌视。

家庭对于孩子，归根到底是生活的基地，是获得精神安定的场所，而一个良好的家庭氛围，又会对孩子人格的形成产生有利的促进作用。

那么，究竟什么样的环境才是能够培养出最为理想的孩子性格的良好家庭环境呢？

一个能为所有家庭成员的个性发展和创造性的成长提供最广阔的可能性的开放体系的家庭，可以称之为和谐的家庭，创造出这种家庭氛围的关键所在，就是父母之间的关系和父母的态度。

这样的家庭在对孩子的态度上就能做到：在使孩子深信父母爱的基础上，将父母对孩子的亲切关怀与一定的行为规范要求适宜地结合起来。建立了这种良好的关系，父母就能够在加深自己感情的基础上最好地接纳孩子，与孩子保持密切的联系，并在规定的家庭行为规范的范围内为孩子个性的发展提供广阔的天地。

但首先必须承认，要在家庭内建立良好的家庭关系和温馨的家庭氛围远不是简单的事情，父母和谐的复杂性就在于有时只要有一点小小的偏差，就会将问题像滚雪球似的越滚越多。

因此，家庭问题的线团是很难彻底解开的，作为一名母亲，不仅要尽到做母亲的职责，做一名孩子的好母亲，也要从家庭关系的角度出发，去做一个好妻子，与丈夫的关系要融洽、和睦相处，即使有冲突也尽量避免在孩子面前发生，用母亲的温情，对待孩子的爱；用妻子的温情，对待丈夫的爱，来营造一个能够促进孩子健康发展的乐观、自信而温馨的家庭氛围！

营造一个乐观、自信、温馨的家庭环境是父母的责任和义务，这是对自己负责，也是对孩子负责。所以，在非原则问题上互相理解谦让是十分必要的。

好习惯39. 孩子把批评罩上自信的光环的好习惯

批评孩子是一种高超的艺术，如果以令孩子仍充满自信的方式批评，在促使孩子改正错误的同时，也有利其自信性格的塑造。

孩子会模仿家长的行为，把你的优缺点一并吸收。如果你是个自卑主义者，那么你的孩子也会那样思考问题。如果你希望他们养成自信品性，那么你必须改变自己的思维方式，做一个自信的表率，身体力行地塑造孩子自信的性格。

父母应采用合适的方式批评孩子。教育专家塞利格曼认为批评孩子的方式有正确与错误之分。方法正确与否，显著地影响着孩子日后性格的自信与自卑。

首先，批评孩子的第一要点就是恰如其分。“过度批评会给孩子造成过度的内疚和羞辱感，超过了使孩子改错的度。而不批评孩子又会使孩子丧失责任感，磨灭其改正错误的愿望。”

其次，掌握自信的解释性的方法，实事求是地解释问题，指出犯错误的具体原因，使孩子明白自己所犯错误是可以改变的。

以8岁的宁宁为例。尽管父母三次要求她在与朋友出去野餐前，把自己的房间打扫干净，但她还是把父母的话当成耳边风，房间里乱得一团糟，自己却出去了。那天早晨正好有位地产代理商要来看房子，因而父母十分生气，不得不匆匆忙忙地替宁宁打扫了房间。

那天下午宁宁回家后，母亲满脸怒气，立即把她带到卧室，告诉她自己为什么生气。下面是宁宁的母亲有可能采取的两种方式，一种是自信的解释性的，另一种则是自卑的方式。

自信方式：

“你给我造成了很大不便，我们非常生气。”（她的批评是特定的，并且很准确地表达了自己的感受。）“我们跟你说过三次，要你打扫一下自己的房间。但每次你都拖拖拉拉，就是不动。”（她母亲准确地描述了事情，并且把宁宁的问题说成是暂时性的。）

“今天有位地产代理商要来，你不打扫自己的房间，我们就得替你打扫，结果耽误了其他重要的事。保持你房间的干净，是你自己的责任，而不是我们的。”（她母亲只是描述了所发生的事情、问题的原因和结果，她的责备是正确的。）

“我要你留在自己房间里15分钟，好好想想我的说法对不对。然后告诉我，今后你会如何保持房间整洁，保证这类事不再发生。至少要写出三条解决办法。”（15分钟是8岁孩子考虑问题的比较实际的时间段，宁宁的母亲给她找了一件很实际的任务，用这种方式来结束这个问题。）

自卑方式：

“你为什么总是这么不体谅人？你的行为把我气疯了！”（“总是”一词意味着问题很普遍，而且永远不会改变。母亲的情感反应太过分了，会给孩子造成太多的内疚感。）

“我跟你说过无数次，要你保持房间干净，但你就是从来不听！你是怎么啦？”（宁宁的母亲把问题说成是普遍性的“无数次”，永久性的“你从来不听”，借此让孩子产生内疚。她还进一步暗指孩子性格中就有某些缺陷。）

“今天早晨地产商来了，几乎是场灾难！人们说进屋的第一印象会造成天大的不同。你有可能使我们失去了一位难得的代理商，会使房价降低几千美元。这就意味着我们买不起新房子了！”

（宁宁的母亲把事情描述成一场灾难，她暗指宁宁的一次疏忽会毁掉全家人的生活。）

“现在，我要你待在房间里，好好想想你所干的一切。”（这一惩罚是不确定的，没有针对性的。宁宁有时间来思考，产生内疚，但却没有机会学会或做些什么事，来弥补自己的过失。）

显然，两种不同的方式会产生两种不同的结果，我们做父母的不言而喻。做父母的应该有意识地使用自信的解释性的方式批评孩子，促使孩子养成豁达、包容、理解的自信性格。

粗鲁的指责甚至野蛮的惩罚，只会挫伤孩子的自信心，伤害孩子的心灵，使孩子自卑失望，破罐子破摔。

第五章

充分而有效地利用课堂

——课堂学习习惯的培养

好习惯40. 孩子课前预习的好习惯

凡事预则立，学习更是这样。课前预习，不仅能对所学内容有初步的概念，更可以带着疑问和难点去听课，还能事先形成完整的知识脉络，在课堂上查漏补缺，进一步巩固知识和加强理解。

预习，就是对上新课作准备，而且是最好的和最重要的准备。

成语“笨鸟先飞”中的先，就是先学一步。对于一篇课文，在老师开讲前先预习，可以让我们学起来心中有数。因为是新课，预习时可以不求甚解，只做到知其然，同时做好记录，在课堂上再求甚解，搞清预习中的难点、疑点和重点，再知其所以然。这样，学习新课时先有准备，心中有数，自然会减轻学习难度，学起来既轻松，也会学得更好了。对于一些重要的地方，还能记得更牢。在预习中有印象的地方，老师讲解时你会有似曾相识的亲切感和熟悉感，接受起来不产生记忆上的排斥，反而易于吸纳。不预习从未接触过的新课，一上课就听老师讲，就会一头雾水，感到陌生，增加了学习新课的难度。

预习，即课前的自学。指在教师讲课之前，自己先独立地阅读新课内容。初步理解内容，是上新课时做好接受知识的准备过程。如果没有预习，只好老师讲什么就听什么，老师叫干什么就干什么，显得被动，缺乏学习的积极性和主动性。但也要避免预习时走马观花，不动脑，不分析，不动笔。这种预习虽耗费了时间，却达不到学习的效果，等于是在浪费时间。预习得好，而且形成习惯，等于是培养了自己的自学能力，是能够终身受益的。

沈阳市某重点中学的高三学生张晓燕，学习成绩一直在学校名列前茅。眼下，她正和学校全年级的同学们在一处幽静的小镇私立学校里进行最后3个月半封闭式高考前集中冲刺。春节期间和她谈及学习心得，张晓燕笑着说："每个人都有与人不同的学习体会，我觉得我最突出的一个方法就是课前预习。"尤其是语文课，课前预习比其他科效果更明显。比如高二下学期学习古典文学单元时，我对《鸿门宴》的预习收获特别大。我首先从阅读提示开始通读了一遍课文，并将所有注解对照原文读完。然后再研究性地反复看阅读提示，将其分段对照课文再读。这样，我不仅初步弄懂了本文故事发生的背景，明白了鸿门宴的戏剧性即矛盾冲突，还抓住了作者对人物个性化的语言描写和行为、情态的刻画，对于课文中一些特别精彩的语言词汇我也作了摘记。如"项庄舞剑，意在沛公"、"人为刀俎，我为鱼肉"、"秋毫无犯"、"劳苦而功高"等。然后，我再通读第三遍，就觉得亲切、熟悉了，并且从中受到作者对人物与故事的写作启发。但我绝不在预习中做一个字的作业，那样会因自己对课文的理解不深、不确切产生错误，一旦错的东西先入为主，今后改起来就难了。我还是按惯例做些记录，留待次日老师讲解或课堂上提出质疑。这样一来，预习就会轻松些，上新课时心中有数，学习有针对性，新课就成了我的旧课，掌握得就更牢了。

通过预习，张晓燕获得了她自己总结的两大好处：

首先，预习可以提高自己记笔记的水平。由于课前预习过，上新课时老师讲的内容和板书，心中都十分清楚。上课时可以不记或少记书上有的，而且有的已在预习中记过了，为45分钟的课堂节省了时间，减轻了负担。我就把重点放在书上没有的或自己不太清楚的部分。有时，老师反复提醒的关键的问题，也正好是我在预习中重点记录的地方。这说明我抓的问题还是比较准，从而可以把更多的时间放在思考与理解问题上。

其次，预习有利于弄清重点与难点所在，便于带着问题听课与提问，把注意力集中到重点上。这样就使我上新课时疑惑易解，听起课来轻松有味，思考起来顺利主动，学习效果好。

张晓燕也强调了预习中值得注意的地方。例如预习时要读、思、问、记同步进行。对课本内容能看懂多少就算多少，不苛求全理解，疑难也不必钻深，只需顺手用笔做出不同符号的标记，把没有读懂的问题记下来，作为听课的重点。但牵涉到已学过的知识以及任课老师讲不到的小问题，自己一定要搞懂，以便消灭“拦路虎”。还有就是预习一定要在当天作业做完之后再进行。时间多，就多预习几门，钻得深一点；时间少，就少预习几门，钻得浅一点。切不可以当天的学习任务还未完成就忙着预习，如此会打乱正常的学习秩序。她说她曾经吃过这方面的亏。

应该说，正确的预习是每个同学都需要的，但方法和时间安排上一定要得当。否则，本末倒置，其效果也会适得其反。对于学习差的同学，总认为自己忙不过来，挤不出时间去预习，因为上新课时听不懂，课后需花大量的时间去做作业，整天忙得晕头转向。其实，他们学习差的原因可能就在没有预习上。学习本身是由预习、上课、整理复习、作业4个环节组成的。预习是头一个环节，缺了这个环节，就会影响下面几个环节的正常连接，难以运转了。假如以前没有养成预习的习惯，现在就改变它，坚决做到先预习后上课，但也不要一下子铺得太开，每门功课都搞提前预习。先从重点搞起，按时间多少安排。这样既不太紧张，又从容不迫，还可找准切入点，带动并推及到其他功课，达到预习的好效果，并由此养成预习及自学的好习惯。

记住，学习的关键在自觉预习，预习是培养自己自觉学习的好方法。

他们是这样看预习的：

2002年高考河北省理科第一名许磊说：“预习就是适度超前，这是我学习中最重要的一点，大部分优等生都如此。”

2002年高考浙江省理科第一名孙思思说：“我从来都是每门课必预习的，但绝对是在完成了当天的作业以后。预习了，上课时就能跟着老师讲的思路走，否则会一片茫然。预习了就会心中有数，有利于加强理解与消化。”

2002年高考天津市理科第一名张继涛说：“预习能发现自己知识上的薄弱环节，在上新课前补上这部分的知识，不使它成为听课时的障碍。这样就会顺利理解新知识。”

2002年高考四川省理科第一名谢茜说：“我的预习更广，就拿语文来说，除了课文之外，我还扩散到对相关名著的阅读上。例如学习小说单元和散文单元，我就提前把相关的原著找来看。我在中学时就看完了《三国演义》、《水浒》等，余秋雨的散文我也喜欢读。这样对我理解课文上的作品、作者、背景大有帮助。”

下面是家长指导孩子之法：

1．让孩子尽量能自己解决学习中的疑难

有的家长，生怕学习上的疑难难住了孩子，只要孩子一提出，而自己又能帮忙的话，马上就会为其代劳。这样一来，孩子原本经过思考，费点力就能解决的问题，却要依靠家长解决了，久而久之，形成依赖习惯，学习上就难以养成自己努力克服困难、解决疑难的习惯了。这对孩子的预习和自学是非常不利的。父母们应当鼓励孩子尽量靠自己努力去解决学习中的疑难。

2．坚持对孩子的预习作定时检查

最好是每天或每次孩子完成作业后，提醒孩子作新课预习。并且，对孩子预习的结果进行检查。这就要求家长自己首先得付出一点时间，真正了解孩子的课程，知道他们现在该做什么，明天该学什么，让督促和检查能有的放矢，这也是对孩子学习的一种帮助。

好习惯41．孩子专心听讲的好习惯

上课时，老师总是按照自己的节奏来讲解，学生如果跟不上，就会让听课的效率大打折扣，甚至白白浪费上课的时间。这个道理谁都明白，但是上课听讲不专心的现象还是十分普遍，甚至可以说每个孩子都曾有过上课开小差的经历，区别只在于走神时间的长短和次数的多少。

听讲为什么不专心？

课堂上教师和学生之间，应当是一种双向交流的过程。而我们的一些教师，照本宣科，讲课时低着头看教案，或者翻教参，这样，你如何把握课堂上的反馈信息呢？有的教师干脆就抄黑板，一堂课下来，学生差不多没看见他的脸，只看见一个背影。

课堂教学不应该很沉重，像忆苦思甜似的，一个个苦大仇深的样子。什么是学习的乐趣？什么叫寓教于乐？我看着一个个像小老头似的过早成熟的面孔，就明白了这就是揠苗助长造成的后果。因此，聪明的老师懂得在课堂上适当地制造一些笑话，玩一点小幽默来调节课堂气氛。

学生上课看小说、走神、睡觉，说明了什么？请你最好别打搅他，而应当想想该如何把课讲得生动些。如果有一天，你教的这门课不用考试，而学生依旧来听你的课，那么，你就是一名合格的教师。这比任何公开课、评比会强多了。

学生听讲专心与否，确实和老师的教学水平有比较大的关系，特级教师的课就是讲得好，能让孩子们一个个瞪圆了眼睛。然而，我们面临的现实是，不可能每个孩子都找到特级教师来教，水平高的老师也基本上都被名牌学校挖得差不多了。因此，大多数上普通学校的孩子，就只能自己帮助自己。如果你念的不是重点中学，就意味着你必须比重点中学的学生付出更大的努力，才能取得同等的成绩。

这份更大的努力，应该用在什么地方？高考考核的标准，是对知识的掌握和熟练运用，这才是值得学生们付出最大力气的地方。同样是做题，有人错了一次就能彻底改过来，有的人却老是犯同样的错误，差别就在于对知识掌握的熟练程度，就在于是否让自己的心主动参与学习的全过程，也就是主动学习和被动学习。

而主动学习应当是一种什么状态？就是在听课的时候，自己脑子里不断地转，想自己应该怎样运用老师所讲到的知识，可能会面对什么样的情况，自己应该从何着手。也就是说，即使老师只讲了10%，自己也要主动思索，找到背后的90%。抱着这种态度听课，不仅老师的每句话都会记在自己的心里，而且还能思考更多、收获更多。主动学习的学生，从来不会埋怨老师讲得不好，只会担心自己思考得不够深入。这样的学生听课，怎么会不专心？

学校是公平的，每个同学上的课一样，做的作业一样，从老师嘴里听到的讲解也一字不差，然而在考试成绩上，却会有十分大的差别。这并不合理，只能说大部分学生并没有找到正确的学习方法。可以说，在任何一个班级，排名在10名以外的学生，都是以被动学习为主，只要能采用主动学习的方式，成绩都会在短时间内大幅度地提高。

主动学习，就是当老师每讲出一个知识点，自己都要考虑如何应用，在题目里有多少种变化形式，有什么解题的规律可循。主动学习，就是把老师看成传递知识火炬的人，要努力把火炬放进自己心里，让火焰照亮整个天空。主动学习，就是上课专心听讲，力求在课堂上得到最大的收获。

下面是家长指导孩子之法：

1．帮助孩子改变对老师的看法

当孩子不喜欢某位老师讲的课，父母应该给孩子讲清楚，老师水平各不相同，但都是带给你知识、来帮助你的人。老师都希望学生好，都很尽力，他们每天都在为你付出。如此说，可以改变孩子对老师的抵触情绪，让孩子愿意听课。

2．不要跟在老师后面走

父母应该给孩子讲清楚，学习要结合自己实际情况。如果觉得老师讲的内容跟不上，就应该提前预习；如果觉得老师讲的太慢，缺乏吸引力，就应该主动思考得更深。这能帮助孩子，在课堂上得到最大收获。

3．训练孩子长时间集中注意力

如果孩子的注意力难以长时间集中，父母就应该有意识地加以训练。比较好的途径是由自己来整理学过的知识，这是长时间思考的过程，既能让注意力集中，又能增强自己对知识的理解。

4．让孩子给父母讲课

当孩子对老师的授课水平不满意的时候，可以让孩子试着给父母讲同样的内容，这能让孩子体会到传授知识是一件多么难的事情，增加对老师的理解，明白老师讲课是一种十分大的付出，从而愿意专心听讲。

5．要求孩子尊重他人的劳动

可以告诉孩子，老师讲课是一种劳动，任何劳动都应该受到尊重。从这个角度看问题，就能让孩子学会尊重别人，仅仅从礼貌的角度上，也不好意思上课搞小动作。

6．给孩子算一笔账

父母可以给孩子算一笔账：如果不认真听课，受到损失的是谁？为了弥补课上的损失，要在课外多付出多少努力？上课搞一点小动作，玩得也不痛快，却要失去课外的娱乐时间，这划算吗？孩子想明白了，就会愿意专心听讲。

教师不替学生说学生自己能说的话，不替学生做学生自己能做的事，学生能讲明白的知识尽可能让学生讲。

好习惯42. 孩子积极回答问题的好习惯

课堂上的回答问题，其实是一种检验，考察自己的临场发挥能力、思维的缜密程度，以及面对问题是否有足够的勇气和自信。这些品质对于考试都是至关重要的，培养它们的主要途径正是在课堂上积极回答问题。

深圳的万秀蓉说：我们的语文老师有一句口头禅——“你们是几品猪？”当老师提问时，如果没有几个人举手，老师就会大发脾气，指着那些没举手的同学大吼：“你几品猪？”一开始听到这句话，以为老师在开玩笑，很好玩儿，所以就哄堂大笑。后来听多了，就笑不起来了，觉得受到了莫大的侮辱。

我觉得老师有这样的口头禅实在太不应该了。我们是小孩子，难免贪玩儿，难免有老师讲课不听的时候。再说了，老师也有不懂的问题，那老师又是几品猪呢？现在，我们班很多同学都害怕甚至讨厌上语文课，就是因为老师的口头禅。一到上语文课，就会听到同学们唉声叹气：唉，又要挨骂的了！又要当猪了！

这个例子说明，积极回答问题，需要老师的鼓励，而不是谩骂指责。

下面是山东日照市四中992班的卢波写的一篇文章：

还记得，从小学开始，我就善于在课堂上与老师配合。对老师提出的问题，我总会争先恐后地举起我的小手，等待老师的目光射向我。不知是老师的偏爱，还是别的什么原因，时间长了，老师每次提问都在提醒我该回答问题了。为此，同学们对我是又羡慕又嫉妒，而我却常常沾沾自喜。就这样，我在小学成绩一直都很好。后来，我以优异成绩升入了重点中学。

上了初中以后，我尝到了小学积极回答问题的甜头，当然也不会丢弃自己的那套看家本领。更让我欣喜的是，我又找到了两个知己，有了他们两个我更加兴奋了，课堂上，我们总是抢先举手，争着回答问题，课堂气氛更加活跃了。不知不觉，要期中考试了，我们三个带着十分的自信进入考场……结果很快出来了，我第一，第二、第三当然也就是他们两个了。这也是我们预料之中的。我慢慢总结出：积极回答老师提出的问题，不仅能集中听课的注意力，提高口头表达能力，还能使思维更加活跃。就这样，我们持续了三年，终于迎来了第一次决定命运的中考。我们如同往常一样，充满了必胜的信心。可揭榜的那一天，我愣了，我仅考入了一所普通高中，而他们两个都考入了市重点高中。

开学的那一天，我很不情愿地跨进了校门，我为这所“不称心”的学校而心灰意冷。就在那时，我的那两个知己来了，我们敞开心扉，谈了好多好多，可唯有那一句“只要拿出我们初中的精神，我们的老招，不论在哪里，都一样学得很好”给我留下了深刻的印象。我仔细一想，脸上终于又出现了笑容，好像我又回到了从前。

可是，在新的学习环境中，正当我像从前一样举手回答问题的时候，我看到了同学们向我投来的目光，我看出那里面充满了惊奇和嘲讽。我怕了，我低下了头。我只觉得我那只手变得老沉老沉，让我无力举起它。从此，老师有了自己举手的习惯，而我的心好痛好痛。

这样过了一段时间，我的成绩下降了，而且下降的幅度很大。又过了几天，老师找我谈话了。我如从睡梦中醒来一样，把这些日子积攒的苦闷，一股脑儿全倾诉给了老师。老师听了之后，笑着对我说：“现在，为了学习，为了班级，你要起带头作用，带动同学们一起积极回答问题，就像你从前一样。我支持你。”就在这一刻，我的心情真的无法形容，我暗暗下定决心：我将迎着同学们的目光，勇敢地回答问题，再也不用胆怯。

走出老师的办公室，我激动的泪水再也忍不住了。面对蓝天，面对白云，我大声说："老师，我再也不会让您举手了。"

这个学生体验过积极回答问题的好处，却因为同学的目光而退缩的，这种现象带有一定的普遍性。他最终做出了正确的决定，你呢？

下面是家长指导孩子之法：

1．鼓励孩子在家里回答问题

父母可以常常在家里和孩子共同学习，多提一些问题，鼓励孩子回答。当孩子在家里养成了回答问题的习惯，到了学校就能自然而然举起手来。

2．让孩子总结回答问题的好处和坏处

父母可以让孩子自己总结，上课回答问题有什么好处和坏处，这样可以了解孩子的想法，有针对性地帮助他。孩子通过这个认真思考的过程，也会认识到，回答问题对自己的学习成绩有帮助。

3．成绩是最好的回答

如果孩子担心，上课回答问题时答错了会让同学笑话，父母就应该耐心地讲，答错了能让你记得更牢。你不回答就不知道自己的错误，到考试的时候还是容易犯错，那时就不怕同学笑话吗？即使课堂上同学笑你，只要你积极回答问题，取得更好的成绩，还会有人笑你吗？

4．让孩子勇敢地表达思想

很多不爱回答问题的孩子，在家里也不喜欢说话。父母就应该鼓励他多开口，无论说什么，父母都应该表扬他，让他把心里话说完。千万不可以粗暴批评自己的孩子，这会让孩子以为只要自己不开口，什么灾难也不会发生。

5．机会难得，值得一争

父母可以给孩子讲，多回答问题会提高学习的效率，会锻炼你的思考能力，这是十分难得的机会。学生那么多，老师不一定会叫到你，因此这值得你努力去争取。只要举手，就说明你在认真思考，专心听课了，你的期末考试成绩或许就会因此而增加分数。

好习惯43. 孩子善于小结的好习惯

在课堂上，老师讲出来的知识仅仅是老师的知识。只有通过学生的消化吸收，做出小结，才能变成学生自己的知识。学生的小结能把知识装进自己的头脑，并且做出初步的整理，把老师讲的知识连接到自己头脑中的知识树上。

完整的知识体系或知识结构能促进学习，便于记忆，利于应用。教师要指导学生对本课所学的知识进行整理归纳，让学生自己来小结。这样不仅能及时反馈信息，而且可以进一步促进学生能力的发展，提高学生的概括能力和掌握学习方法的能力。

小结可反馈教学信息，捕捉教学的得失，帮助学生梳理知识结构，使知识系统条理清晰、简明易懂、形象活泼。为技能的提高和后面的学习清除障碍。同时，还可以由感观接受，经大脑加工，把不熟悉和认识不深的知识转化为自己理解、掌握的知识，把老师的知识变成了自己的知识。

作为老师，也应该创造出适合学生小结的气氛，积极鼓励。在特殊情况下即使学生的思维走入误区，也不应该泼冷水，或和盘托出整个结论。这种简单的做法只能否定学生获取结论的能力，打击学生的自信。长此以往，学生对教师的依赖性会越来越强，独立解决问题的能力就只能不断弱化。

课堂小结的形式可以根据教学内容的特点而丰富多彩，由教师引导学生参与，互助完成。一堂课好的“结尾”，既能达到总结课堂所学知识的目的，又能使学生有意犹未尽之感。所以，应着力追求以下三个标准：一要简明扼要，二要使学生思维得以延伸，三要小结形式的不拘一格。

比如，在初一《代数》第一册“一元一次方程的应用”的教学中，开始可以提出一个生产实际中的应用题，它用小学列算式的办法不容易解决，这就设立了一个疑问，能让学生带着疑问，边听边想。到结尾小结时，就能让学生使用本节课所学的知识，列出一元一次方程，逐步解决开始提出的那个问题。这时，学生就能明白，学习方程的目的是为了应用，解决实际问题的一种重要方法就是“方程思想”。这样，在学完了一节课的知识后，学生立刻就明白了所学知识的用途，适用于什么环境、什么场合。这种结尾的形式别具一格，既达到了小结所学知识的目的，又能使学生思维方法得以延伸，逐渐形成分析问题和解决问题的能力。

从学生的角度看，做课堂小结是为了让自己对知识的印象更深，因此，不妨采用纯粹的口语或方言，用一个通俗形象的比喻来概括本节课的知识，比如“应用题是火车，方程是火车道。”学生的小结越通俗、越生动，自己的印象就越深，越不容易忘记。

课堂小结一般从以下几个方面去进行：

第一，回顾一堂课从头至尾的过程。这节课主要内容是什么，老师开头是怎样引入的，中间是怎样引导分析的，最后是怎样总结归纳的，都应弄清来龙去脉。把握了教学脉络，就等于把握了知识本身。

第二，合理评价老师的思路。在理清老师思路的基础上，思索老师用了哪些思维方式，思维过程如何。因为老师要照顾大家的接受能力，总是讲得很细，因此在此基础上还可以考虑有没有更好的方式，更简便更清晰地把知识脉络梳理出来。

第三，留心结束语。结束语是老师对一节课所教内容的概括总结，留心它，有助于把握这堂课的整体，做到胸有全课。同时还可以用自己的话再概括一遍，概括的语言越通俗越有趣，对知识的印象就越深。

第四，概括出本节课所学知识要点，并将它纳入自己的头脑里已有的知识结构，以便你的知识结构融会贯通。在和已有知识连接的过程中，尤其要注意有没有缝隙和模糊区域，那都是需要进一步努力来深入掌握的。

事实上，学习的目的，也正是弄明白自己的弱点和不足。

下面是家长指导孩子之法：

1. 要求孩子每天对所学知识做一次小结

每天写完作业以后，学生应该对当天知识做一次小结，这样可以培养总结归纳的能力。家长的检查和监督将促使孩子在每堂课结束后，先把小结的任务完成。

2. 五分钟汇报

可以要求孩子用五分钟的时间，把当天学到的知识向父母汇报。这可以锻炼孩子的总结能力，父母也可以从中判断，孩子是否把握住了所学的重点。

3. 检查孩子的课堂小结

父母可以检查孩子的听课笔记，看每节课结束后，有没有做出自己的小结。父母的督促可以促进孩子做小结的积极性。

4. 让孩子把课堂小结写在一个大表上

可以让孩子把每天的课堂小结都写到一张大表上，按照章节划分。这样，以后归纳总结时按照课堂小节，就可以比较清晰地梳理出知识的脉络。

5. 要求孩子的小结尽量通俗有趣

父母可以要求孩子用自己的通俗口语做小结，尽量多用比喻。小结越通俗，记忆越深刻。而且，把老师的话变成自己的话，这本身也是一个主动思考、把新知识纳入原有知识体系的过程。

6. 要求孩子在课堂小结中写出自己的不足和问题

父母可以要求孩子在课堂小结中写出自己的不足和问题，作为下一步努力的依据。日常作业和测验的目的就是帮孩子找问题，而通过每堂课后的小结也能很轻松地完成这个过程。能认识自己的问题并弥补，就能提高成绩，增强自信心。

提出一个问题往往比解决一个问题更重要。因为解决问题也许仅是教学上或实验上的技能而已，而提出新的问题，却需要有创造性的想象力，而且标志着科学的真正进步。

好习惯44. 孩子善于提出问题的好习惯

在课堂学习中，提问是积极思考的标志，问题越多的学生知识掌握得越全面，领会得越透彻。而那些很少提问甚至从不提问的学生，虽然也听到了老师的讲解，也听到了别人的提问和老师的回答，但由于自己的手并没有举起来，因此他的思路并没有真正跟上，即使听到了同样的内容，印象也不如积极思考的同学深，不仅对知识的应用能力更差，而且还十分容易遗忘。

有一天，哲学家罗素问哲学家穆尔："你的学生中谁最优秀？"穆尔说是维特根斯坦。"为什么？""因为，在我的所有学生中，只有他一人在听我的课时总露出迷茫的神色，而且老是有一大堆问题。"后来，维特根斯坦的名气超过了罗素。有人问："罗素为什么落伍？"维特根斯坦说："因为他已经没有问题了。"

由此可见，在学习的过程中提问有多么重要。然而，很多学生在课堂上张不开嘴，就算心里有疑问，也总要思想斗争半天，而且多半举不起手来。究其原因，多数情况是怕自己问得不深入，受到老师的奚落和同学的嘲笑。

以中国的最高学府北京大学为例，一般地讲，北大的专业课程总是非常难的，老师课堂上往往一句废话也没有，同学们下课便是"消化吸收"和做作业，学得好不好，也是看考试成绩来定。不仅学生这样，老师也是这样。在国内参加科学报告时，经常可以看到老师们如众星捧月般簇拥着科学名人，往往因为一个不深入的提问，台下问的人便灰溜溜地无地自容。即使是北大，在做学问上，“认真”和“宽容”也调和得并不好。学生和老师，在科学的领域里，精神上都是不太自由的。

美国就不一样。在美国上课，相比之下要轻松得多。课堂上有问有答，老师如鱼得水，学生妙语连珠。美国学生一般没有中国学生知道得多，问的问题也天真，但好的学生往往能问出好问题，让老师大大地引申一番兴奋一场。

我们的文化观念和教育体制，给了教师这样的一个地位：庄严的说教者，指导者，绝对权威。而学生，只能被灌输、被管教、被批评、被指导。中国人的教育过程往往要以牺牲人的尊严为代价，来求得功利目标的实现。因此在课堂上，老师说什么就是什么。

学生因为长期处于接受状态，就出现了一种接受依赖症。他们不会说话，不会表达自己的思想，处在一种失语状态下。他们无法通过提问，从教师那儿得到优越感，多数只能从教师那儿找到自己低能的证据。因此，很多学生干脆不举手，加入到沉默的大多数当中。

这种现象很可怕，幼儿园提问的比小学多，小学比中学多，中学比大学多。难道说学生真的没什么问题可问了吗？当然不是。然而，要想改变这种现状，学生必须先学会在课堂上怎么思维。

课堂上怎么思考？下面给出一些方法：

将自己预习时的理解与老师的讲解进行比较，加深对新内容的理解和记忆，纠正自己先前主观理解的错误；

大胆怀疑现有结论，注意对所学课题多问几个“为什么”或“怎么样”，有了问题，然后独立思考寻求答案。如果自己找不到满意的答案，就向老师和同学请教；

超前思考，比较听课，力争走在老师思路的前头。如果自己的想法和老师不一样，先听老师的讲解，再举手提出自己的思路；

积极参加课堂讨论。在讨论问题时，既认真倾听其他同学的发言，又积极思考，想清楚自己的基本思路和观点，使智力从“常态”跃进到“激发态”。

下面是家长指导孩子之法：

1．在家里鼓励孩子提问

在家里，父母应该鼓励孩子多提问题。只有在日常生活中，养成了善于提问的习惯，在课堂上举手提问才不会遇到心理障碍。

2．在家中设立“问题奖”

把孩子提出的问题记录下来，每周统计问题的总数，达到一定的数量就予以奖励。这对孩子的提问是一种肯定，会产生积极的心理暗示，让孩子把提问看成是一件值得骄傲的事。

3．对孩子提出的问题，要积极耐心地解答

当孩子向父母提出问题，一定要积极耐心地予以解答。即使答不出来，也要坦率承认自己不懂，并且和孩子一起查找相关资料。如果不许孩子提那些“没用的问题”，孩子以后什么问题也不会问家长了，在学校的提问也会越来越少。

4．训练孩子的语言组织能力

许多孩子不敢提问，是因为无法清晰表达自己的想法，这就需要家长专门训练孩子的语言组织能力。

比较好的办法，是让孩子在饭桌上，介绍学校发生的事情和学到的知识，坚持每天都练习，几个月就能让你的孩子完全变一个人。

5．快速问答，训练孩子的反应能力

父母可以和孩子进行快速问答，来训练孩子的反应能力。题目可以从课本上找，比较好的是那些应该掌握的公式和定理。常常反复做这种练习，既能巩固孩子的基础知识，又能让孩子的反应能力得到大幅提高。

6. 多提问多得分

父母应该给孩子讲清楚，在课堂上问题问得多，思维就会更活跃，对知识的印象就更深，学习的效率就更高。如果想让自己的成绩好，就得多提问题。讲明白道理，孩子自然会主动去克服各种心理障碍。

要是孩子自己不求上进，不知自勉，任何教育者就都不能在他的身上培养出好的品质。只有父母和教师首先看到孩子优点的所在，并予以肯定和鼓励，孩子才会产生上进心。

好习惯45. 孩子善于自我激励的好习惯

学习是自己的事，所有困难都要自己来克服。如果不善于激励自己，心理素质不够高，是很难通过最后的考验的。其实，每个孩子都具有自我激励的能力，都能比昨天做得更好，只要父母适当引导，是完全可以应付激烈竞争的。

一位在加拿大留学的中学生遇到了这样一件事。2001年5月，电脑老师生病，因为一时找不到代课老师，就推荐这个学生先代一个星期课。平时上电脑课时，电脑老师也经常让他回答一些其他同学答不出的疑难问题，所以认为，他是可以应付的。他还只是一个中学生，要一下代一个星期的课，这无疑是十分大的挑战。可是他却激励自己，老师既然相信我，那就说明我能行，无论如何也值得试一试。

第一和第二天上课，他把电脑老师布置的作业交给同学们做，都是一些关于编电脑程序指令的习题，或一些错误指令的修改。他在课堂上俨然像电脑老师一样，边巡视边回答同学的疑难问题。到第三天和第四天，对同学们的功课进行修改，针对每一个人的问题作了个别纠正。到了第五天，便是正式的总结和陈述，这与他平时做的演讲有点相似，因此他没有紧张，更何况那些内容都是他熟悉的，所以讲起来轻松自如。同学们提出的问题，他也马上给予准确无误的答复，同学们都十分满意。电脑老师回校上班后，还特地送给他50加元的购书券作为酬劳。他觉得好开心，并不仅仅是因为得到意外的购书券，更是因为自己在中学时代，尝试了做老师的滋味，这也是对自我价值的肯定。

另一位在美国念中学的女生，遇到的事情更有意思。她是孤身一人在外留学，遇到难题就通过电子邮件向国内的父母请教。

一次，她给父亲发了一封求援邮件，因为遇到了一个难以完成的作业：制作你的家谱，写出从高祖父母至你的全部男女亲属的姓名和生卒年份。

这个作业不仅让父亲叹为观止，也让他的朋友们大为感叹说：这是在培养“寻根”意识呀，别忘了祖宗！别忘了“你从哪里来”！

父亲感到了惭愧，因为两岁时便离开了他的祖父，直至他去世，再也没见过。他甚至不能说出祖父的名字！连父亲也无法完成这个作业……

无奈，父亲在全家开始了“总动员”，依据一份不够完整的家谱，开始写“作业”。直到这时父亲才发现，中国的家谱记男不记女，家族的女性稍早一点的，甚至连名字都没有，以××氏记之，到嫁出去就“消失”了，只有男性有姓名。而且，女性也没有生卒年份。幸亏孩子的爷爷健在，80老翁凭记忆，一个个推算出是咸丰多少年、道光多少年、光绪多少年什么的，奶奶则抱着一本中西2000年对照历，找出了公元年份。最后，由女儿的二叔总结而成。当父亲看到这份密密麻麻的家谱时，一种家族的历史感油然而生！

父亲把这份作业传到美国后，女儿大为兴奋，竟说要再还原为中国朝代纪年，“我要用中国文化镇老师和同学一下！”因为她还要解释什么是中国纪年，以及为什么中国传统“记男不记女”。所有这些，都要画在一张大纸板上。为此，女儿几乎一夜没合眼。

第二天，同学们的作业摆在班里，互相观摩，惊叹声此起彼伏。老师走到这个女生身边，拿起这份特殊的作业说：“这是我最感兴趣的一份！”然后，开始结结巴巴地念那些拗口的中国名字……女生这个乐呀！

在这个例子里，激励自己是为了赢得更高的荣誉。而孩子一旦把荣誉看得比睡觉还重要，那就一定不会让得到的荣誉轻易失去，一定会继续不断地激励自己，用更多的努力来保留住获得的荣誉。

下面是家长指导孩子之法：

1. 为孩子树立自我激励的榜样

想让孩子养成自我激励的习惯，父母先要做到这一点。要让孩子知道自己遇到了什么困难，并且是怎样激励自己勇敢走下去的。这会给孩子留下终生难忘的印象。

2. 培养孩子的独立能力，跌倒了自己爬起来

面对困难才需要激励。因此，当孩子在学习生活中遇到困难的时候，都要鼓励他凭自己的力量爬起来。当生活中养成了不怕困难的习惯，在学习中也会坚持到底。

3. 通过总结回顾，引导孩子认识自己的潜力

可以和孩子多交流，逐步引导孩子认识到自己的潜力。告诉孩子你的心里有颗世上独一无二的钻石，你要在学习和生活中把心里的钻石打磨出来，让它放射出光彩！这可以成为孩子不断激励自己的动力。

4. 以乐观的态度面对自己和孩子遇到的挫折

无论自己和孩子遇到什么挫折，作为父母都必须用乐观的态度来对待，相信自己和孩子都能最终闯过重重难关，迎来成功。这样能够让孩子有勇气面对任何挫折，始终相信自己。

5. 在家中设立自我激励奖

可以适当采用奖励的形式，在孩子激励自己战胜困难后给予奖励。还可以为孩子做一张“天才奋斗图”，显示孩子在成长的道路上取得的一切成绩。这份图表也可以帮助孩子更好地激励自己。

6. 当孩子克服了困难，全家应隆重庆祝

当孩子激励自己克服了困难，全家可以隆重庆祝一次。父母的这种态度可以让孩子在以后遇到困难的时候，首先想到父母的支持，为了克服困难付出全部的努力。如此，即使最终失败，他也没有遗憾，并且能从失败中吸取教训，让下次做得更好。

好习惯46．孩子善于抓住一节课重点的好习惯

一节课上，老师很少像记流水账一样平铺直叙，大多数时候有铺垫，有引申，通过种种方式来帮助学生加强印象。对学生而言，一节课就像是跟着老师做一次旅行，头脑要不断思考新的问题，眼睛要不断注意新的景色。如果不能从老师的讲述中辨别出什么是重点，以及它和其他知识之间的关系，这样的听课可以说就是失败的，必然会渐渐遗忘。

学习的重点在于对知识的掌握和运用。掌握是把知识装进自己的脑子里，运用是把脑子里的知识拿出来使用。而课堂上听到的是什么？仅仅是老师的话？就算你能把老师讲的话全背下来，也不代表你能独立把题目做对。区别在于，你需要用自己的脑子来主动思考，而不是像复印机一样复述。老师的话只是帮助你掌握知识的桥梁，桥本身只是工具，并不是目的。老师的授课水平有高有低，就像桥有好有坏一样，这点我们无法选择。我们唯一能够努力的地方在于，不管什么样的桥，我们都要走过去，成功地到达对岸，把知识装进自己的大脑。所以说课堂学习的重点不在于老师讲什么、怎么讲，而在于学生学什么、怎么学。

掌握知识，意味着你必须在课堂学习中把自己头脑中已有的知识激活，始终保持在一种活跃的状态。老师每讲出一个知识点，你就要把它归类，放进自己大脑中的知识库里。以便在你的知识结构网络中，找到它的位置。然后，你要把它和其他知识连起来，检查相互间的联系是否清晰、

稳定，如果有疑问，你就必须举手向老师请教。这看起来十分复杂，其实非常简单，就是把新知识和旧知识比较，先确定它属于哪一个类别，再从同一类知识里寻找因果关系和先后顺序。这样，我们在学到一个知识点的同时，也能了解它是按照什么样的逻辑顺序，从哪里发展演变而来，它的前提条件是什么，它的制约因素是什么，它的适用范围是什么。也就是说，课堂学习，不能仅仅满足于抓住知识点，而必须把新的知识点和旧知识连成片，形成网状结构。你得到的不该是一粒珍珠，而应该是一小片渔网。

一般而言，老师讲的都要听。但有时老师为了照顾不同层次的学生，采取不同的方式讲不同层次的内容，这时学生就得根据自己的实际情况，有选择地听，即抓住对自己有重要意义的关键内容。武汉三中饶翠同学说："课堂教学进度一般以中等学生的理解能力为主，顾及差生的能力所及。这样一来，基础比较好的学生会产生'吃不饱'之感。那么，听课方式大可不必'专心致志'。主要听课内容为：规律性的知识以及老师给的教学方法、解题思路等，作为我们听课的核心内容。而对于那些常规的、纯属老师'炒剩饭'的部分，则无须一板一眼地听，这时，可以看一些与课堂有关的书籍，扩大知识面，增长见识。当然，这需要对自己的实力有正确的估计，切不可眼高手低，顾此失彼。"

听课为什么要有选择？因为你需要时间编织自己的知识网络。你听课是为了从老师的嘴里得到网络的线头，而老师讲课的节奏总是有张有弛，知识点不会太密集，总会多举些例子来解释、阐发。这时，你就可以拿出一张纸，试着画一下各知识点的相互关系，只用三五分钟就够了，相当于把新旧知识一起温习了一遍。而自己总结出来的规律，总是记得特别牢固，听课效率就在无形中大大提高了。

很多学生都有这样的感受：老师讲的时候似乎什么都听明白了，可到了做题的时候还是缺乏自信。之所以会这样，就是因为这些知识不是自己总结出来的，和已有的旧知识联结得不够紧密，很容易脱环。这点老师帮不了你，你只能自己帮自己，从现在开始，借助老师的讲解，在课堂上自学。

下面是家长指导孩子之法：

1. 让孩子画知识结构图

家长可以让孩子把自己学过的知识画出一幅知识结构图，由此可以明白知识间的相互联系。自己来总结，就能让这幅图留在自己的大脑中，在需要的时候可以立刻回想起来。

2. 让孩子自己总结各知识点之间的异同

家长可以让孩子比较各知识点之间的异同，并用自己的话总结概括出来。这可以帮助孩子清晰地区分那些容易混淆的概念，而这些自己总结出来的规则，总会记得格外清楚。

3. 让孩子自己归纳每个知识点的适用范围和限制条件

家长可以让孩子对每个知识点进行归纳，标明它的适用范围和限制条件。这实际上就是在总结十分实用的规律，帮助自己轻松地应对考试，准确地识别出试题中的各种陷阱。

4. 陪孩子自学新知识

如果孩子缺乏自信，家长可以陪他自学新知识，抓住概念、相互关系和适用范围这几个点，让孩子自己归纳总结。孩子会发现学习十分容易，这个过程可以让孩子极大地增加自信，相信单凭自己也能学好。

5. 自己总结的才属于自己

家长可以给孩子讲清楚，跟着别人学知识，知识就是别人的，只有自己总结出来的知识才是自己的。背别人的结论既辛苦，效果又不好。而自己总结出来的结论不用专门去背，也能记得很牢。

好习惯47. 孩子记笔记的好习惯

学习知识的过程是一个综合性的过程，要求眼、耳、口、心、手全体参加。只有如此才能真正地把要学的知识学到手，变成我们自己的东西。

不少同学都有这样的体会：要想记住一样新东西、新课文、新内容，阅读10遍，不如书写一遍。因为记笔记时，你是眼、心、手都在动，绝不分心，记忆中的印象自然深刻。学得深，记得住，不易忘。尤其是做课堂笔记，记的内容是老师的口语讲解或者板书的重点，而老师的口语讲解是即讲即消失，不会停留在空气中，但你若能抓住精彩处记在笔记上，则这精彩的重点之处就永远不会再跑掉，成了你自己的东西。板书也是一样，老师总是即写即擦，顶多也只能保留45分钟。要知道老师每节课的板书都是经过课前精心设计的，甚至是其毕生教学之精华，若讲完之后擦掉了，同学们可能就再也看不到了。

王刚的父亲是个自学成才的内科名医，而父亲的学习方法之一就是勤做笔记。在父亲的书房里，至今还整齐地摆放着几十本学习笔记。在父亲的整个求学与行医过程中，那些笔记甚至强过了大部头的各种医书。因为那都是浩瀚书海中的重点与精华，且又都是经过了父亲的眼与心一笔一画精心整理并记录下来的。需要之时，便可随手取来，为其所用。在笔者过去的同学中，不少人也有如此的习惯。除了记课堂笔记，还做读书笔记，有的甚至抄书。例如抄写书中的警句格言、精彩句段、黑体公式、定义，还有的每天抄写两条成语或成语故事。当然，苦学不如巧学，我们不提倡用抄书的笨办法，但有时的“笨”却又正好是一种扎实。因为所谓聪明，就是勤用我们的眼耳口心手，加上一日日一月月的积累。长此以往，形成习惯，人人便可由笨变聪明，成为学有所成的真正人才了。

攀枝花市华山中学的一位同学名叫石舸，以优异的成绩考入了北京大学，成为该校优等生中的佼佼者。石舸同学在回母校与同学们讨论其学习方法与心得体会时，最强调的一点就是自己从小养成的记笔记的习惯。并且，他还将自己从初中到高中六年来12个学期中所做的全部学习笔记赠送给母校，使同学们从中受到了学习中必须养成记笔记的习惯的启发。有位同学随手翻开了石舸同学一本语文课笔记本，正好是有关古代经典短文《陋室铭》的学习笔记。石舸同学的笔记是这样记的，也很精短：

今天，语文老师高度评价这一课，并讲解了他的两点感悟。

感语一：小而精深，千古不朽，全文81字。

感悟二：斯是陋室，唯吾德馨。

精彩名句：山不在高，有仙则名，水不在深，有龙则灵，斯是陋室，唯吾德馨。

老师对此文的精彩板书：斯是陋室，唯吾德馨，何陋之有。此语乃本文中点睛之笔，道出了作者崇简、崇德，不图虚名，不求豪奢，淡泊名利，注重德行的生活情趣和高尚人品。

这位同学看了这篇笔记深受启发，决心从此重视记笔记，并养成这一良好的学习习惯。

据石舸同学介绍，他后来将这篇笔记充实、发挥，写成一篇随笔，发表在了山东一家报纸的《文学鉴赏》专栏上。

记住，刀越磨越快，笔越写越灵。养成记笔记的习惯，定会让你终身受益。

他们是这样看笔记的：

2002年高考内蒙古自治区理科第一名徐鸿说：“记笔记是我学习中十

分重要的一环，我也从中得益不少。”

2002年高考湖南理科第一名肖吉吉说：“我很重视记笔记，并且从小就养成了这一习惯。可以说，我平时的学习和高考前的复习很多都是借助于我丰富的笔记的。”

2002年高考贵州理科“姐妹状元”双胞胎，姐姐张晓冬说：“我的笔记常被班上同学借阅，我不仅重视记笔记，而且形成了习惯，所以我记得也十分认真。”妹妹张晓楠说：“我的记性不如姐姐好，记笔记的习惯也是受到姐姐启发、影响形成的，但这个好习惯的确帮了我从初中到高中学习上的大忙。”

下面是家长指导孩子之法：

1. 让孩子勤用手中的笔

在贪玩的学生时期，想玩是孩子的天性，当家长的不必管得太严。但贪玩常常导致忘性大。作为家长，需随时提醒孩子，把重要的东西用笔记的形式记下来，这样就不会忘记了，也省得玩耍时老是牵挂着要做的事和怕被忘记的学习内容。

2. 孩子好的方法应自觉使其形成习惯

每个孩子都会有各自的优点，例如记笔记。发现孩子的优点并帮助其形成习惯，是家长的义务与责任。这就需要家长常常提醒与督促。好的方法用一次虽有一定意义，但若能长期使用，则意义更大。

3. 课外阅读好作品，让孩子用笔记重点，然后给父母看

父母工作都忙，很少有时间再去阅读一些想读的文章，可以让孩子去读，如每周一篇，可以是课本上的阅读课文，也可以是报刊上的优秀短文，然后让孩子作阅读笔记。

好习惯48. 孩子细心检查作业的好习惯

作业是学生对头脑中知识的检测，任何错误都意味着自己的漏洞和不足。而及时检查，能够通过学生自己的努力，最大限度减少错误，从而提高学习的信心。

粗心，是学习上最大的敌人，会给人带来终身的遗憾。原本能够做得很好，取得优异成绩的事，由于粗心，且又缺少细心检查，结果不该发生的错误发生了，使自己的努力功亏一篑，甚至后悔终身。做计划、写文章、完成作业，都会有由于笔误，由于考虑不周，由于粗心大意造成原本不错或不该错的结果错了，甚至有的同学或因习惯，或因性格，生就粗枝大叶，做起事来急于求成，又总是太相信自己，做完后没有细心检查的习惯，结果作业时经常出现本不该错而错的地方。正因为这些错误是因粗心大意，因为没检查造成的，并不是因为自己不会、不懂，因此就不往心里去。于是，养成了自己无所谓，不重视的坏习惯，一到考试时，便吃了大亏。

常言说吃一堑长一智，可有的人却满不在乎，时过境迁，也就忘之乎也，关键时刻，再犯同样的错误，吃同样的亏，终至后悔莫及。所以，作为学生，必须养成细心检查作业的习惯，反对粗心大意，从平时作业做起，形成习惯后，高考时就绝不会因粗心大意，只求快而不求细，只想到做而不进行细心检查，留下终身悔恨了。

2001年7月20日晚10时55分，贵州省贵阳市一名叫曾文蓉的贵州师大附中应届高考女生家里的电话突然急促地响起来：叮……！电话铃声刚响过一遍，曾文蓉便从沙发上一下蹦起，将话筒抓在手中，激动而兴奋地应答："喂，是袁老师吗？您好，袁老师，是，我是曾文蓉。哦，高考分数已经出来了，好好，我马上记下来。"这时，坐在沙发两端静候佳音的文蓉的父母赶紧将笔和纸递给女儿。"袁老师，您说吧。""哦，总分是625分，语文是……"曾文蓉非常惊讶！不相信自己的耳朵。"怎么？袁老师，我的总分是625吗？这么说，我的北大梦破灭了！……"曾文蓉激动得竟没有记下袁老师继续告诉她的各科分数，因为她不相信自己只能考出这么多分。在一旁的父母也陷入了沉思之中。

应当说，625分已是多少学子梦寐以求的高分了，并且已够好多所重点大学录取线。但曾文蓉却认为是太大的失败。因为，多年来，她一直是贵师附中的尖子生，她的梦，就是进北大！她的爸爸妈妈也一直这样认为，然而他们失败了。是什么原因呢，看看文蓉自己和父母的总结吧。曾文蓉在一篇文章里写道：考下来自己估分感觉还蛮不错，一家人都比较乐观，爸爸、妈妈对我都很有信心。所以在这种心态下发榜时心情就好似瞬间跌落到低谷。一家人都受到了重创。当时我在客厅里低低地哭，妈妈看着我说："你要是想哭就回到房间好好哭一场吧！"听到妈妈这样一说，我再也忍不住了，一头冲回自己的房间关上房门哭起来。然而，哭过之后还得面对现实。当时有一所名牌大学愿意录取我，但我不想放弃进北大校园，我想再考一次！但，这会给爸爸、妈妈增加很大的压力和负担，不过，妈妈首先支持我先放弃今年的大学，再读一年，明年再考。爸爸也同意了，但爸爸提出必须要好好分析，找准原因，对症下药，以取得明年对北大的冲击成功。于是我们坐下来检讨失败。

首先，妈妈认为失利的一个原因是文蓉在考试那几天正在生病。另一个原因是复习时忽略了语文科；爸爸总结是她的心态比较浮躁，没有真正静下来，对自己太轻信，忘了做完题细心检查，致使平时能答对的，也失误了，丢了分。文蓉说："我认为，妈妈的总结只是客观原因，爸爸的总结才是主观要害。我自己知道，由于我的粗心，又由于没有细心检查，造成的损失太大了。因为在考试前我做一些模拟试题只在草稿上算一下，填个答案在试卷上就行了，没有养成细心检查的习惯。高考时也这样，结果吃了大亏。我决心复读一年，并在巩固原有成绩的基础上从复读第一节课起，我就养成做完作业后仔细检查的习惯。"结果，她成功了，在2002年的高考中，曾文蓉以709分的成绩成为贵州省理科第一名，进入了北大，圆了她的北大梦。

记住，粗心是学习的敌人，细心检查作业，可将错误纠正在产生后果之前，否则，功亏一篑，后悔莫及。

他们是如此看细心检查作业的：

2002年高考吉林理科第一名李响说："我从来不会因为疏忽大意出错丢分，因为我有一个每次作业和每次考试都要认真细致检查全部作业的习惯。并且，从逐题检查中，进一步巩固了已掌握的知识，又是一次很好的复习。"

2002年高考浙江理科第一名孙思思说："大家都说女生心细，我就是个不犯粗心错误的女生。我从来都重视细心检查我所做的每一篇作业，尤其是试卷题。"

2002年高考黑龙江平房区理科第一名辛颖说："我其实是个生活上粗心的女孩，但对待学习却正相反，我可以从我每次的作业和考卷中，找出哪怕一个标点符号的微小错误，并将其纠正。"

下面是家长指导孩子之法：

1．别让孩子成马大哈

有的家长，可能自己有些风风火火，做事讲快而忽略细节，然而，学习知识却是跟做文章一样，来不得半点马虎的。因此，必须重视和培养孩子在求学之路上的细心与认真，做事一丝不苟，做完认真检查，防患于未然。

2. 孩子，别将低劣作业交出去

如今，全社会都在反对质量低劣的产品，家长们，请将孩子的每一次作业都视为他们的一次知识产品吧，出手前，务必让他们细心检查，别将有问题的“产品”交给老师们。

细心方能成大业。孩子，你应该学学成功者，学习科学家，你看他们中哪一位是粗枝大叶的马大哈。父亲和母亲将提醒你，促使你从小做一个细心钻研、认真检查你所做的每一项功课，让你的学业与将来的事业真正成功。

好习惯49. 孩子及时查漏补缺的好习惯

有漏洞不去弥补，漏洞就会越来越多。学习的难点不在于听课，而在于查漏补缺。每个学生都听同样的课，都有同样的问题和遗漏，谁弥补得越多越快，谁的成绩就会越好。

我们行事、做作业，一般都是按自己的思路一气完成，作文尤其这样。然而，人的思路在很多情况下是不完善的，初步完成的作业尤其是作文，就更需要查漏补缺，使其完善。因此，写作者对自己的作品，往往有初稿、二稿、三稿，甚至数易其稿，方为定稿，只有定稿，才会被作为一件产品，投递出去。作家舒乙在《梦和泪》这篇作品中，对著名作家谢冰心老人有一段非常精彩的描写："这就是可爱的冰心——永远不失赤子之心，永远追求完满和美好，永远充满朝气，不管有多少艰难险阻，无所畏惧……"这里的"永远追求完满和美好"，便是我们行事、做作业时的一种重要境界，要做到这一点，每次对所做作业的查漏补缺是少不了的。

2002年暑假后开学不久，北京市某重点中学高二四班的语文课上，在语文老师的指导下，全班同学正在对班上潘朔同学的暑期作文《夏游金刀峡》进行讨论，在老师和同学们的高度评价下，潘朔同学应邀对这篇作文的写作过程进行了介绍。她说，这篇作文的初稿，只有600多字，只是简单地对位于重庆北碚区的这一著名旅游景点作了简单的介绍，既不生动，也不感人。但有了起码的方位、距离和主要景点，如自生桥、深水潭、梭板瀑布等。写完初稿一检查，发觉自己游金刀峡时所记载、收集的一些重要资料和数据都没有用进去，使文章看起来非常平淡。于是她写二稿时便补写了“是北碚这一著名旅游风景区于1998年5月新开辟出的一处地缝陆峡的奇景与妙景。它集原始的地缝深谷、秀美山泉、多姿飞瀑、幽深洞穴、茂林修竹、碧绿苔藓和宝石般澄澈明净的绿潭与百变万千姿态各异的峡壁钟乳石为一体，成为重庆市旅游探险、回归自然、寻找天然野趣的一个绝妙所在”。这就把金刀峡的具体开发时间和旅游资源特征集中介绍了出来，应该说，潘朔同学运用查漏补缺的好习惯，使文章具体了、确切了。后来，她又补写了金刀峡所在的皮家山属《红岩》小说中双枪老太婆华蓥山游击队出没的地方，是华蓥山的西南麓，海拔高度是825米。补充了“堪称集山、林、瀑、泉、洞、峡、潭于一体，以峡奇、山险、水清、瀑多、潭碧、洞幽吸引着万千游人”。这样补写后，这篇文章本可以交卷了，而且文笔不错，写得很美。可正待她抄写好准备交给老师前，忽然检查到还少了点什么。她终于想起在山上的篝火晚会上，当地老农讲了一段金刀峡的传说故事，经过她组织裁剪后，最后又补写进了这么一段：“当年隋末大乱，华蓥山亦战事连连。忽一日，义军大败，一首领被隋军紧追于皮家山上，眼看将被隋军大将军追上，他便于战马之上将手中金刀望空一抛，欲轻身再逃。岂料宝刀抛出，金光四射，不仅耀花了追将之眼，且宝刀落处，硬生生将大地劈开，成为首尾不见尽头的地缝深谷，遂将追兵隔在对面，从此便在这皮家山上，留下了这一道陆上大峡。人们便依此传说，称其为金刀峡。”

经过潘朔同学及时查漏补缺、三易其稿的这篇作文，经老师和同学们的讨论之后，以班集体的名义推荐给了《重庆晚报》的旅游专刊版，被编辑看中，作为游记散文发表了出来。

记住，永远追求完满和美好，不仅是作家冰心的追求，也应该是我们每一个人的追求。

他们是这样看查漏补缺的：

2002年高考陕西理科第一名史方舟说：“回顾高三一年的学习生活，

有几条建议给同学们，而第一条就是戒骄戒躁。查漏补缺的复习工作和对每次作业的补充修改，的确很枯燥，但如果没耐心，粗枝大叶，或自满自得，或自暴自弃，看似影响不大，实则极可能招致失败的命运，无功而返。”

2002年高考新疆理科第一名郭慧勤说：“我从初中起，就在家长的督促下对每次作业都必须检查，看看有没有错漏，必须确定无错漏或检查出错漏改正后才能交出去。这种习惯的养成，对我每次作业的质量和考试得高分都很重要。”

下面是家长指导孩子之法：

1．从日常生活中，让孩子养成细心的习惯

无论是在家里或是在学校，表达问题都应准确、明白，不可将丢三落四的习惯带到学习中。作为家长，应在孩子的日常生活中细心观察，注意纠正其马虎、粗心的不良习惯，从小事上培养孩子细心、用心的良好习惯，把事情做到最好，像冰心老人那样，永远追求完满与美好。

2．不可让孩子太自信

树立孩子的自信心，是每个父母的责任，但凡事都必须把握好一个度，真理再向前迈进一步就是谬误。自信心是人人都应该有的，但太自信，就会变得轻狂，看不到自己的不足和差距，作为学生，就不会对自己的作业作认真仔细的查漏补缺，学习上不能高标准、严要求，这对一生的行事、做人、干事业也是不利的。家长应该注意协助孩子、督促孩子从生活和学习中培养并形成其谦虚和对自己的高要求。诚如哈佛大学的一位校长所言：“在迈向新世纪的过程中，一种最好的教育就是有利于人们具有创新性，使人们变得更善于思考，更有追求的理想和洞察力，成为更完美更成功的人。”

好习惯50. 孩子随时自测的好习惯

立志做一个明明白白的人，方知道自己对在哪里，错在哪里，不足在哪里，失败在哪里，成功在哪里。自己完成的功课，自己作出的计划，自己做的作业，或是一日、一周、一段时间里，对已做过的事进行冷静、客观的自我检测，是非常有必要的。任何人都能够从自测中找出自己的优劣、成败之处，以利下一步将事情做得更好，更完满。

《论语·学而》篇中，有“曾子曰：‘吾日三省吾身，为人谋而不忠乎？与朋友交而不信乎？传不习乎？’”之语，证明自我检测、反省，是自古圣人之举。圣人之所以为圣者，乃自测、自律之楷模也，我们作为学生，正是增长知识、树立和培养自己良好习惯的关键时期，应当把随时自我检测作为一种自我要求，从中发现自己的对错、优劣，以便下一步有针对性地明白自己该巩固、发扬什么，改进、弥补什么。正如著名物理学家李政道博士指出的：“遇事要敢于问个为什么，错了也没关系，不要怕错，有错马上就改。可怕的倒是提不出问题，迈不出第一步。”要对自己提得出问题，那就必须进行自我检测。成功学告诉我们：世界上大部分失败都来自人的两个无知，一是不知道自己缺什么，二是不知道自己拥有什么。如果我们养成随时作自我检测的习惯，这个问题就会被非常好地解决。张千玉在《21工程》中有一段话非常耐人寻味：“如果鸡蛋立下大志去碰石头，结果完蛋。所以有志者另一成功条件是识时务，这才可能成俊成杰。”如果每一个高考生都把志愿填为北大、清华，那么，太多的人必定成为失败者了。所以，自我检测自己的实际能力与条件，定下一个经过努力便能实现的目标，这便是明智之举。

王芳所教的班有一位学生，在学习中就有一个良好的自测习惯。每当一个单元学完，她首先根据单元检测的要求，进行一次自我选题，自我测试。自测以后，她便清楚地明白了自己本单元已掌握的和未掌握的新知识。明白了这一点，她的单元复习就有了针对性，结果，其学习成绩一直在全班处于第一位。例如在对说明文单元的自测中，她就根据单元提示，重点考察自己是否通过这一单元的学习，掌握了说明文的顺序和方法以及对照和比较的阅读方法。通过自测，她知道了自己对说明顺序中的时间顺序、空间顺序和程序顺序都掌握得比较好，但对最适合于说明事物内在联系的说明顺序即逻辑顺序的运用，自己还非常差。知道了自己本单元学习中存在的薄弱环节，她再次认真复习，自学了本单元中运用逻辑顺序法进行说明的课文《古代的服装及其他》，进一步弄清了逻辑顺序在运用于写作说明文中的灵活性。如说明事物之间的因果关系，既可先说明造成这一结果的原因，再顺理成章地把由此原因所带来的结果摆出来，也可以先说出结果，给人一个悬念，让人总想知道造成这个结果的原因在哪里，再一一将其形成这一结果的原因找出来。

记住，学习中养成对自己的自我检测好习惯，会使自己随时清楚明白自己好在哪里，差在哪里，可以针对性地学习，事半而功倍。

他们是这样看自测的：

2002年高考江西理科第一名黄逾轩说：“随时进行自测，会使自己在学习中有的放矢，将有限的时间集中到最需要的方面上，不造成时间与精力的浪费。”

2002年高考广东双科状元陈健说：“学习也应该有的放矢，避免盲目。自测，才能找准自己现阶段最要紧的是把功夫用在哪方面。”

下面是家长指导孩子之法：

1．让孩子了解自己

随时对孩子提出一些问题，看孩子是否能正确解答。若解答正确，证明孩子对应该掌握的东西已经掌握，回答错误，说明对应该明白的东西还没搞懂。如此，有助于孩子学有重点。

2．父母应了解自己的孩子

作家长的对孩子关心，应体现在方方面面，除生活以外，还应多了解孩子在学习上具体有哪些收获，课本要求掌握的和已经掌握的知识，扎实程度如何？哪些还应掌握而没掌握，并就自己对孩子这些方面的了解提出问题，帮助孩子学会并养成自测的好习惯。

3．在孩子面前不做自大自傲者

父母自身，不应只要求孩子而不要求自己，对于孩子，不仅应爱护，还应会教育。正如高尔基所说："爱护孩子是母鸡都会做的事。然而会教育子女，这就是一件伟大的国家事业了，它需要才能和广泛的生活知识。"

好习惯51. 孩子课后复习的好习惯

每天课后，用半个小时进行复习，效果要胜过做两个小时的习题。写作业是为了检查自己对知识掌握的程度，如果缺少了复习这个环节，对知识的掌握必然会大打折扣，作业中的错题会更多，学生的自信心也会下降。

人的记忆是有限的，并且会随着时间的流逝而逐渐消失，使原本已学过的知识被遗忘。早在1885年，德国的心理学家艾滨浩斯就通过实验发现，刚记住的材料一小时后只能保持44%，一天后还能记住33%，两天后留下的就只有28%了。所有的人，学习的知识都会发生先快后慢的遗忘。于是，人们从古至今便以一学再学来刺激记忆，巩固记忆，让自己所学的东西不致被很快遗忘，或者被遗忘太多，甚至永不忘记，这就是初学之后的再次学习、重复学习，即复习。民谚曰："狗熊掰棒子，掰一个，丢一个。"说的就是只知获得新的，却不会巩固已有的，结果最终是徒劳而无功。

复习是对前面已学过的由新变旧的知识进行巩固，进行系统再加工，并根据学习情况，进行适当调整。这个复习的过程，不仅仅让人只是被动而简单地巩固记忆，还能从再学习中，经二次，甚至三次、多次的反复学习，获得第一次、第二次即前面的复习中未曾学到或者未理解、理解不深的新知识。这便是"温故而知新"。温，就是复习，故，就是已经学过的。温习旧的而获得新的知识。一些记性好的同学，就是因为能常常从不同的角度、不同的层次上进行复习，做到“每天有复习，每周有小结，每章有总结”，从而形成了惊人的记忆力。所以，许多学生对所学知识记不住，并不是脑子笨，而是不善于复习，或复习功夫不深。

我们所学习过的教材，哪一册不是用了大量的篇幅来复习。每个单元的单元小结是复习，期中考试和期末考试前又有大量的集中复习，更不用说高考前的大复习了。所有的考试和高考前的模拟考试，其实都是在复习。

上海某重点中学的师生们对复习进行了一系列的总结，得出的宝贵经验对于学习中的复习具有实际指导意义。

一是复习的要求：

（1）课后应及时把老师讲的和黑板上所写的知识像放电影一样，在脑子里过一遍；看看能想起多少，忘了多少。然后翻开笔记，查漏补缺。

（2）看教材时应边看边思考，深思重点、难点，分析疑点，深化理解。

（3）阅读必要的参考书，充实课堂所学的内容。

（4）整理与充实笔记，对已学的知识进行归类，使知识深化、简化、条理化，并按规律去加强记忆。

（5）加强练习。练习一般应在复习后进行，也可边复习边练习。在复习过程中加强练习，能提高复习效果。

二是复习要注意的问题：

（1）及时复习。当天学的知识，要当天复习好，决不能拖拉。做到不欠“账”。否则，内容生疏了，知识结构散了，就要花更多的时间重新学习。要明白，修复总比重建倒塌了的房子省事得多。

（2）要紧紧围绕概念、公式、法则、定理、定律复习。思考它们是怎么形成和推导出来的？能应用到哪些方面？它们需要什么条件？有无其他说明或证明方法？它与哪些知识有联系？通过追根溯源，牢固掌握知识。

（3）要反复复习。学完一课复习一次，学完一章或一个单元复习一次，学完一阶段系统总结一遍。期末再重点复习一次，通过这种步步为营的复习，形成的知识联系就不会消退。

（4）复习要有自己的思路。通过一课、一节、一章的复习，把自己的想法、思路写成小结，列出表来，或者用提纲摘要的方法把前后知识贯穿起来，形成一个完整的知识网。

（5）复习中遇到问题，不要急于看书或问别人，要先想后看或先看后问。这对于集中注意力、强化记忆、提高学习效率很有好处。每次复习时要先把上次的内容回忆一下，这样做不仅保持了学习的连贯性，引起对学过知识的回想，而且对记忆的连续性、牢固性有很好的效果。

（6）复习中要适当做一些题。要围绕复习的中心来选题、做题。在解题前，要先回忆一下过去做过的有关习题的解题思路，在这基础上再做题。做题的目的是检查自己的复习效果，加深对已学知识的理解，培养解决问题的能力。做综合题能加深对知识的完整化和系统化理解，培养综合运用知识的能力。

李彤是该校的优秀生，非常重视课后复习。每一节新课下来，她绝不先做作业，而是先回忆一遍老师所讲的内容，看看自己记住了哪些、理解了哪些、掌握了哪些。然后打开书和笔记，针对性地学一遍，直到把问题都搞懂了，把书上的东西都变成自己的知识，才合上课本和笔记，认真做作业，做完以后，再打开课本与笔记对照检查。因此她作业成绩平时一直十分好。每天晚上，李彤都要把当天所学新知识系统复习一遍，每天早上早读时，她又总是先用10分钟时间重点复习头一天的内容。这已成为她学习的自然习惯，就像每天必须吃三餐饭一样。所以，每当面临考试时，她一点不急，因为所学的知识都在她脑子里。

记住，好书不厌百回读，重复学习，会让你在巩固已学知识的同时获得新知识。

他们是这样看复习的：

2002年高考山东理科第一名于凡说：“在整个学习过程中，复习与预习几乎是同等重要的，两者缺一不可。不预习不能进步，不复习不能巩固。对于理科综合，主要是分开复习，各个击破。物理复习中重要的是掌握基本定律和对物理情景的分析。而化学的复习则多翻看课本，对于推断能力要求得比较强。生物复习则以课本内容为基础，同时通过报纸、杂志补充了许多前沿的内容。”

2002年高考江苏理科第一名张璇说：“我的复习是十分有计划性的，怎样复习，哪天用多少时间复习哪门科目、什么部分，都有细化。根据我的经验，每天可以安排两门，每门以一个小时或一个半小时的时间复习为好。”

下面是家长指导孩子之法：

1．别总检查孩子学了多少新的

家长们总希望自己孩子掌握的新知识越多越好，喜欢一个劲赶着孩子往前跑。这使孩子两眼只盯住前方，而忽视了是否把学习过的东西记住、巩固、学牢、掌握。

2．多让孩子将已学的知识讲述出来

要了解孩子每天学了些什么、本周学了些什么、本单元学了些什么，并有意无意间提些已学习过的相关内容，看看孩子是否能够正确回答出来。若答不好，则应让孩子及时复习，不然，时间一长，就丢光了，也就等于白学了，考试时成绩自然好不了。

第六章

读万卷书，“写”万里“录”

——阅读写作学习习惯的培养

好习惯52. 孩子晨读的好习惯

“一年之计在于春，一日之计在于晨”这句谚语，是中国人家喻户晓，人人皆知的，我们从小就从父母口里听得，并一直成为激励我们珍惜大好光阴，努力读书学习，勤奋做人的谆谆教诲。

春天，是万木复苏、充满生命力的季节，春播、夏种、秋收，我们的祖先最知道春天的可贵。清晨，是一天中最好的时刻，这是为什么呢？我们都知道，24小时为一个昼夜，白天，我们忙于工作或功课，眼观六路，耳听八方，劳其心志，累其体肤，身与心都处在高度运转之中。作为学生，每天有满满的课程，大量的作业和太多的思考，使我们的头脑与思维不得闲。白天，我们的大脑已被太多的信息、太多的思考、太多的问题挤得太满。因此，一天紧张的工作或学习下来，我们会感到疲倦，需要休息，需要睡眠。于是，夜晚的睡眠必不可少，以使我们的精力得以恢复。经过一夜的睡眠后，当我们清晨醒来，脑子会是一片清新，当天的记忆还是一片空白。这就好似一张白纸，好似最新最美的图画。再加上早晨的空气经过了一夜的净化，也是最清新的时候，特别让人感到清醒。人的精力就像上紧了弦的发条，充沛而且旺盛，在淡淡的晨雾或晨光中，我们最应做的便是阅读。

晨读的效果，比一天中任何时刻都好，既少杂念，易于理解，又无记忆负担，最能留下清晰、深刻的记忆。晨读一遍的效果，会比白天在嘈杂声中读10遍都好。正因如此，古人、今人都有晨读、晨练的习惯，也才有那句“一年之计在于春，一日之计在于晨”的经典之言。

一位高中同学在一篇名叫《快乐的晨读》的作文中这样写道：“清晨，我被窗外竹林中清脆婉转的声声鸟鸣唤醒，睁开双眼，已见一抹晨曦从窗户中射进来。我赶紧起床，搞好个人卫生，便拿了书坐到向着东方的阳台上，细细读起来：‘曲曲折折的荷塘上面，弥望的是田田的叶子。叶子出水很高，像亭亭的舞女的裙。层层的叶子中间……’读着读着，我竟没有意识到这是在做功课，因为老师布置了这一课《荷塘月色》的精彩段落要求默写。我这时读来，感觉是在清爽宜人的晨曦中享受名作，品味生活，毫无一点累与闷，反而是一种快乐，两遍读完，我竟可以背得。我又一次享受了晨读的美妙。我于是在心里感谢我的爸妈和我自己，让我从上初中起，就养成了这一良好的晨读习惯。”

这位叫李娜的同学说，几年来的每日晨读，她从未间断过。她为自己算了一笔晨读的账：她每天晨读15分钟，一年便相当于有了将近122节课的快乐的阅读，几年来，她从相当于几百节晨读的阅读课中，不仅熟悉了课文、定理、定律，更大大丰富了自己的课外阅读——诗词阅读、名人名言与名著的阅读。这使她真正尝到了读书破万卷的好处。在晨读中，她丰富了自己的知识，积累了大量的词汇，陶冶了美好的情操，享受了清新怡人的上千个美好清晨。这不仅有助于学习，更有助于养成自己良好的生活习惯。

人是有惰性的，必须要凭借一种毅力，来战胜自己的惰性。晨读，是培养自己战胜贪睡恋床坏习惯的最好方法。通过长期的晨读，获得的不光是知识，更有对时光的珍惜，培养了我们作为一名学生特别需要的那种积极向上的进取精神。其实，良好的晨读习惯的养成，还可以培养我们生活的规律性，并通过每天快乐的晨读，来消除心中的郁闷、烦恼，并为新的一天生活、工作或学习奠定乐观饱满的积极情绪，带着良好的心态，投入到新的生活中。

记住，清晨是一天的精华，少睡15分钟对一天的精力绝无影响，但15

分钟的晨读，对你一生都大有帮助，但关键在于不可随意间断。所谓一日暴十日寒，好习惯绝难养成。

下面是家长指导孩子之法：

1. 与孩子一道提早15分钟起床

法国哲学家卢梭说：“你要记住，在敢于担当培养一个人的义务之前，自己就必须要造就成一个人，自己就必须是一个值得推崇的模范。”家长要求孩子做的，自己应该先做到。每天早上，如果母亲或者父亲，能够有一人与孩子一道提前15分钟起床，将这15分钟用来晨读，那么，你的孩子就会被你的良好行为和晨读习惯所影响，也乐意让自己这么做了。

2. 好的习惯贵在坚持

所谓“习惯”，就必须要在一天天、一月月、一年年的时间过程中习以为常，坚持不懈，形成规律，养成惯例。这需要努力，需要支持，需要督促，需要帮助和有榜样。孩子毕竟是孩子，他们还缺乏生活的磨砺与岁月的锤炼，因此，作为家长，就要敢于用行动来要求孩子，教育孩子，带动孩子，不要只当督察者，而是要与孩子一起去做。

3. 鼓励孩子，把晨读的习惯坚持到底

孩子作为未成年人，总是有要求自己不够严格的时候。家长则应把好坚持关。要鼓励孩子别放弃，别间断，关键时刻咬咬牙、挺一挺也就过去了。如果放弃，好习惯绝难养成。假若你的孩子以前没有晨读的习惯，那么，你最好选择春、夏、秋三季的天气让他开始，因为气候好，开始阶段的难度会相对小些，孩子也容易接受。

好习惯53. 孩子读杂书的好习惯

广泛的阅读，是一个人走向成功的砝码之一。当你得到了这个砝码，就意味着你通向成功的路上少了一些曲折。

有这样一个例子：在某高中，有一位学生王伟，进校时成绩优异。但他本人在乎课本里的东西，其他的知识一概不去过问，知识体系单一，导致其学习成绩渐渐下降。虽然学习努力刻苦，但还是未能摆脱高考失败的命运。而班内另一名同学徐亮，喜欢读杂书，并且能把课外的东西应用于课内，学习成绩稳定，成为“千军万马”中的胜利者。

从这个例子可以看出：我们在学习过程中都会遇到这个问题——该不该读杂书。其实读杂书可以丰富一个人的阅历，扩充知识面。在读杂书的过程中，是应该有很大收获的。

据2001年全国中学生调查结果表明，在中学生中能坚持读杂书的同学只有8.32%，当然整天沉沦在武侠、凶杀、艳情、暴力的除外。这仅有的一部分同学，他们平时成绩都很不错。由此看出，读杂书是一种可以养成的习惯。这样的习惯可以使你学到更多的东西，同时，也会让同学在日常学习中受益。

培根曾经说过，当你孤独时，读书可以作为消遣；当你高谈阔论时，读书可以作为装潢；当你处世行事时，正确运用知识就意味着力量。

一个人能有意识地去读杂书，就说明他对知识有着强烈的渴求欲望，这也是要求上进的体现。在对自己知识储备不满足的情况下，应当根据自身情况来选择书籍，培养良好的读杂书习惯，会使你的阅历不断增长。

古今中外的名人志士，大都有着良好的读杂书习惯，而且他们对杂书的需求量，不管从数量上还是从种类上看都是惊人的。

毛泽东从少年到晚年，都未间断过读书。就是在他不断地充实自己的情况下，成就了一位伟大的思想家、革命家和领导者。同时，在文坛也树立起了一面高扬的旗帜。

拿破仑在少年时专心苦读，凭自己所学到的东西，从一个平凡的炮兵练就成一名驰骋沙场的优秀的军事指挥家。

这样的例子数不胜数。

歌德曾这样说过："读一本好书就是和许多高尚的人谈话。"一本好书，绝对是一位出色的教师，我想有谁会拒绝"一位出色的教师"和"许多高尚的人"呢？

鲁迅有过这样的话："我读杂书，有时甚至比正书还有劲，杂书中的笔记，我是手不释卷，午梦初回，清斋寂会，及至入睡之前，真仿佛是一席清谈，处处悠然了。"

著名的教育学家叶圣陶先生说过："教育是什么，往简单方面说，只有一句话，就是养成良好的读书习惯，读书，随时要读。"

当我们在读杂书时，应当有目的性，自己在哪个方面有欠缺，自己在哪个方面知识不到位，那么就选择自己需要的书籍去读。

在一次考试中，有一道关于《水浒》人物的题。而在这个班中，能做出答案的只有区区两名同学，这两名同学也正是平时有着良好的读杂书习惯的同学。不可否认地说，读杂书会让你受益匪浅。"书到用时方恨少"的道理在这时已经很明了了。那从现在开始养成这样一种习惯，何乐而不为呢？

其实，一个人并不要求上通天文，下知地理，更不苛求天上的知一半地上的全知。但懂得中华乃至世界的文明史发展史是非常必要的。这就要求多读书，读杂书。书读得越多，你的文化背景知识就越广阔，文化底蕴就越深厚。

记住古人的话：“勤于读书，逸于作文。”

下面是家长指导孩子之法：

1．寻找富有激情的导师

孩子毕竟是孩子，他们还很年轻，对书的判别还会出现这样那样的问题。家长应给予适当的帮助，帮助孩子寻找一位富有激情的导师，给孩子正确的选择。这会使他们看到，世界那么的大，而属于自身的东西还很少。让他们有着一种对知识强烈渴求的欲望。从而养成读杂书的习惯，在通往成功的路上少走一些弯路。

2．要有耐心，找到自己需要的东西

孩子往往缺乏的就是耐心，或许在他们养成了读杂书习惯的时候，已经走进了误区。因此，家长要教导孩子，在对自己需要的东西的选择上一定要有耐心，不能盲目。读正书也好，杂书也好，有目的地读，收益才大；寻求一时趣味，于身心都没有多大好处。

3．孩子，我们支持你

在孩子的耳边常常会有这样的话：“一天别不务正业，学点有用的。”“别拿起那些不三不四的书不放，学点有用的。”“老是看闲书，有什么用啊？”……其实家长应该给孩子们的更多的是支持，应该鼓励孩子养成读杂书的习惯。使孩子能在多方面发展，知识体系的多元化会更利于孩子的健康发展。

好习惯54．孩子查阅工具书的好习惯

> 假舆马者，非利足也，而致千里。假舟楫者，非能水也，而绝江河。君子生非异也，善假于物也。

这里所引的一段话，对于高中学生来说，并不陌生，它是战国后期著名的思想家荀子在其名著《荀子》里《劝学》篇中的一段名言。荀子告诉我们，善于利用车马当交通工具的人，并不是因为他的腿脚有多利索、快捷，却能致千里之远。善于利用舟船的人，并非他们会游水，却能横越江河或行走于江河之上。这些聪明的人，并不是他们生来跟大家不一样，而是他们善于凭借相关的物质，相关的工具而已。荀子为何在他《劝学》的文章中讲到这些呢？这位古代先哲就是在告诉人们要善于利用工具。

应当说，工具的发明，是人类智慧的体现，劳动与创造的结晶。人类之所以为人类而高于任何其他动物，正是因为人类在劳动、学习、生活中，能够运用思维与知识，创造发明工具。这些人类发明的工具中，除了荀子所举的古代交通工具，还有千百年来人们发明制造的生产工具、学习工具。在我们用于学习的工具中，每一位学生都要接触和使用的，便是工具书——学习中能够当做工具来使用的一种书。

工具书十分多，如语文方面，便有《新华字典》、《现代汉语词典》、《成语词典》和更丰富、更完善的《汉语成语大词典》等，这些工具书，都是我们学习相关知识时不可或缺的工具，就像我们出门要乘车，上天要乘飞机，过河要乘船一样。每一本工具书，都是这一类相关知识的

高度总结和具体阐释，并教导你怎样运用这些知识。如上面所举的几种字典、词典，就集中了语言文字与文学方面的字、词、音、义和相关知识、成语典故、历史、文学等等。在学习中遇到相关疑难，你只要打开它们，便会得到专家、学者、教师们百问不厌地帮助、讲解，让你在工具书的帮助下，解惑释疑，完成作业，增长知识。

最忌一种坏习惯，是对学习中的问题似是而非，一时不懂，又不愿凭借工具书仔细弄懂，结果不是一时不懂，而是一世不懂，以至在学习与生活中话说错了，字读别了，意会错了还全然不知。例如有的人，对于“恶”、“好”、“为”这些一字两音两意甚至多音多意的字，总是搞不准确，“凶恶”与“可恶”不分，“很好”与“喜好”不分，“为了”与“作为”不分等等。其实，这些都是非常容易解决的问题，只要打开工具书，就都会让你明明白白，可不少学生就是养不成查阅工具书的好习惯。有学者们认为，从某种意义上说，知识就是知道如何去学习，如何去查找，如何去运用工具书。能正确、熟练地使用工具书，知道你所需要学习的东西在哪里，这就是知识。专家、学者、科学家能够从无到有地发明、创造出机器、车辆、飞机、轮船、科学仪器和各种工具书，而我们连使用都不会，都不愿的话，那岂不是辜负了这些人类的宝贵财富。

打开《现代汉语词典》，你便打开了现代汉语的知识宝库。从中学到大学以至今后的工作与长期学习中，它都能够成为我们最忠实的老师和帮手。只要你养成了查阅它的习惯，有事要查，无事也查，那么，天长日久，积累下来，你的相关知识就会日渐丰富，用之不完。一本《汉语成语大词典》，是近40名语言学家毕生所学的专业知识的集大成。它收录列举、阐释了古今所用的17000条常见成语及其变体，并包括古今常用的俗语和谚语。这本词典的知识性、科学性、实用性，对我们学习、使用汉语词汇进行交流、表达、写作都是极有帮助的，关键在于你是否有使用即查阅它的习惯。

应该说，我们要拥有必需的工具书并不难，难的是是否养成了查阅它、使用它的习惯。

记住，工具必须使用，否则它便会失去价值。不要忘了先哲的教诲："君子生非异也，善假于物也。"只要你善于运用学习的工具，你就一定能比别人聪明、博学而多才，就是这个道理。

下面是家长指导孩子之法：

1. 让孩子自己查阅工具书

可以肯定地说，任何一个孩子在学习中都会碰到这样那样的疑难，如果是在家长身边，也许许多家长乐于解答，以为这就是在帮助孩子学习。但作为家长，首先要看看孩子遇到的疑难属于哪一类，凡是通过查阅工具书可以解决的，家长一定不要代劳，让孩子自己查阅工具书。这有三个好处：其一，培养独立自学能力；其二，不养成依赖性；其三，形成查阅、使用工具书的良好习惯。

2. 为孩子准备工具书以外的相关学习资料和参考书

帮助孩子丰富知识，并在独立的自学中扩充课本以外的相关知识，养成查阅工具书和相关资料的习惯，就是对孩子一生最好的学习指导。应该明白，一个人仅凭记忆要记住太多的东西实在太难，但查书是不难的，只要知道你所需要的东西在哪里能够找到，这就可以了。做学问、搞写作、从事科研工作，光凭模糊的记忆是不行的，记忆有时似是而非，并不可靠。只有查阅资料方可准确无误。

3. 告诉孩子别轻信记忆

记忆有时会出错，有时会张冠李戴，有时会是假象，没有谁没被记忆欺骗过。因此，别轻信记忆，尤其是生活中久远的东西，知识性的东西，需要准确与精确的东西。

好习惯55．孩子搜集学习资料的好习惯

学习，是一个由表及里、由少到多、由浅入深、由薄至厚，逐步积累和丰富的过程。在此过程中，积累知识——即搜集学习资料乃是其中的至关重要的阶段。

大家都知道《高中化学》是一门知识面较广、知识点较零碎的课程，许多学生为该课成绩的提高大叫头痛，李明在高中时曾亲身遇到过这样一件事：

李明的同学张亮，平时除了认真听讲外，并不像其他同学一样在课下赶班加点，甚至通宵达旦地学习，但其成绩尤其化学成绩一直是年级700多人中的拔头筹者，后来其化学成绩为全省第一名900分（实行标准分制考试）。很多同学向其讨教学习经验时，他模仿卖油翁说的一句话：“无他，唯积累也！”大家都跟着笑起来。

他说的“积累”就是学习资料的搜集，李明亲眼见他把《中学生数理化》（报）、《高中化学》等资料上的典型例题剪下，粘到一本专门笔记本上，然后进行对比和总结，及至掌握。

任何事物都有其规律性，遵循其规律则成，反之则败。在学习中也是如此，抓主要矛盾，对症下药，便可妙笔生花，“法”到“题”解了。

蜜蜂之所以能酿蜜，是因为它辛勤地采集了许许多多的花。如只采一朵，所得就有限。我们要学习蜜蜂的勤奋精神，广泛地收集古今中外知识之“花”，吸取其营养，为祖国，为人民，为社会酿造出更多更好

的“蜜”。

大海之所以宽广无垠，是因为它不厌其烦地接受涓涓细流，哪怕是一点半滴都不肯轻易放过。我们的学习也应像大海一样，尽情尽量地收揽知识的浪花。只有这种坦荡的胸怀，只有这种勤奋的精神，才能汇成知识的海洋。

前人说过这样一句话：“读书先务精而后务博，有余力乃能纵横。”只精不博，常易走进狭窄的死胡同里去。因此，在精学深研的同时，也应广泛涉猎，博览群书，做到厚积而薄发。把别人的东西转化成为自己的东西，将会受益终身。

提炼一公斤紫色染料，需从深水海底采集8000个海螺；获取一公斤胭脂红染料，要在仙人掌上捕捉40000只细小的胭脂虫。这些不争的事实，都表明了善于积累的重要性。

人们点滴真知的积累，又何尝不是在博览广识的基础上加以总结和吸收的呢？

卢邦在总结“学习十忌”中写道：“八忌笔之高阁，不善积累。”

道家创始人老子也曾说过：“合抱之木，生于毫末；九层之台，起于累土；千里之行，始于足下。”

而在现实生活中，却有很多人浅尝辄止，尝到一点甜头，便不思进取，直到有一天后悔莫及，为时已晚。

“积土成山，风雨兴焉；积水成渊，蛟龙生焉”，“不积跬步，无以至千里；不积小流，无以成江海”……这些至理名言都在告诉我们一个亘古不变的道理：要掌握知识，就要积累，就要搜集学习资料，做到触类旁通，成就一番学业。

从现代科学发展的特点看，学科的渗透、交叉、分化与综合都很迅速，新学科不断兴起。恩格斯说：“科学在两门学科的交界处是最有前途的。”科学知识结构的综合化，决定着学生的知识结构也要综合化。

为了适应现代科技的飞速发展，不被社会所淘汰，能胜任将来所担任的工作，作为学生必须把知识面拓宽掘深一些。

我国地质学家李四光，对数学、力学、声学和电磁学都有很深的涉猎和研究。正因为他基础扎实，知识面广，所以创立了“地质力学理论”，为我国找到了大量石油，做出了不可磨灭的贡献。

鲁迅先生说过：“应做的功课已完而有闲暇，大可看看各样的书，即使和本业不相干的，也要泛览，比如学理科的，偏看看文学书，学文学的偏看看科学书……这样子，对于别人别事，也可以有更深的了解。”

李政道教授也说过：“我是学物理的，不过我并不专看物理书，还喜欢看些杂七杂八的书。我认为，在年轻的时候，杂七杂八的书多看一些，头脑就能比较活跃。”

知识是人们对客观事物的认识。你掌握了多少知识，也就反映你对外界外物了解通晓多少。现就以恩格斯为例，他能用12种语言说话和写文章，能阅读20种文字，直到70多岁还在学习挪威文。他借助外语知识，广泛地阅读世界各国的报刊书籍，充分利用大量的原始资料来研究多种理论问题，及时有效地指导无产阶级革命斗争。

集邮者，可以通过一枚枚小小的邮票了解各国各地的风土人情；收藏家，可以通过一件件古老的物品洞悉各朝各代的历史情况。同样，我们对资料的学习、收集、研究，也可掌握高效的学习方法和规律，并对学习中存在的问题一一解决，查漏补缺，使得学习更上一层楼。

知识像渔网中的鱼，网眼越密，网的鱼越多，渔网越大，解决的问题愈多，在学习中，我们应将“渔网”的网眼织得更多更密，才能捞起知识海洋里的一条条大鱼。

要谨记：浩瀚的海洋来自涓涓细流，渊博的学识全凭日积月累。

下面是家长指导孩子之法：

1．为孩子预备一个资料剪贴本

用一个16开的硬壳书写本，再配上剪刀和胶水，作为提供给孩子的资料剪贴工具，并帮助孩子把有助学习的相关资料进行剪贴、收集。在孩子有空时和他一起翻看，熟悉自己的资料集里都有些什么内容，需要时，便可派上用场，使课堂上的知识得到补充与延伸。

2. 将有用的资料为孩子准备着

家长在平常的报刊阅读中，要做个细心人，把自己认为有用的资料搜集并保留下来，提供给孩子。凡提供给孩子的资料，最好与孩子一起看一遍，并说明一下搜集它的目的和意义，加深孩子对该资料的印象，然后将资料进行剪贴。

3. 协助孩子将搜集的资料整理分类

资料的搜集、整理，实质上是一个学习的过程，通过整理，将所搜集的资料分类、建档，有利于需要时的使用。如果将资料长期放置，时间长了，连自己也不清楚你有些什么资料，真正需要时又满世界找。其实，它就在你的资料集里，伸手可得。

好习惯56. 孩子记日记的好习惯

日记，是一条用文字铺成的人生之路，写日记如同生活一样，既是一件简单的事，也是一件繁琐的事。

有这样一篇报道，在一次高等院校毕业生与用人单位供需见面会上，有一家杂志社收到了20多份自荐书及相关资料，包括学生在校期间发表过的作品，让人吃惊的是，其中有13份自荐书及作品内容大致相同。调查后发现，这些自荐书、材料、作品都出自于一人之手。惊奇之后有些疑惑：现在的天之骄子怎么了？连最基本的自我介绍都不会写。另据报道，在大学里，很多毕业论文都不是学生自己写出来的，要么是请人代笔，要么是誊抄现成的。不会写假条、不会写求职书、不会写启事……这样的现象时下并不少见。青少年的写作能力十分欠缺。提高写作水平，尤其是青少年学生的书面表达能力已经是一件十分紧迫的事了。

提高书面表达能力，就要养成这种写作的习惯，常动手、常练笔。写日记以其随意、自由、轻松等特点成为培养写作习惯的一种便捷、高效的办法。

记日记就是把每天发生在自己身上或周围的事情记录下来。

孩子把在学习、生活中遇到的困难和不顺心的事，写进日记本里，在字里行间宣泄自己的情感，倾吐自己的心声，这样可以缓解学习带来的压力，消除紧张、焦虑的情绪，以最好的状态投入到学习中。常写日记，还能够促使我们随时随地观察周围的人和事，培养观察能力，提高写作水平，训练看待问题的方式，同时也是收集资料、积累知识的重要途径。

法国著名文学家巴尔扎克在他的长篇巨著《人间喜剧》的后记里写道：这一幕幕“人间喜剧”都是有生活味道的，它们是我无数个白天和黑夜行走于社会各阶层的真实笔录。据说，巴尔扎克为完成这部世界文学史上伟大的批判现实主义作品，他几乎走访了整个塞纳河地区。他将每天听来的、看见的都写进日记里，最后形成了几大本极具价值的日记簿，为他以后的创作提供了丰富、真实的素材。

日记虽然是由一篇篇各自独立的小文章组成，但它的作用却不可轻视。日记需要天天写，这对学生而言是一种练习写作、培养观察力及增强学习效果的很有效的办法。生活中许多学生害怕写作文，写篇500字左右的文章花几个小时还不能完成，普遍感到无话可说。记一个人、记一件事，只写几句话就结束了。原因是什么呢？很明显，他们的脑子里没有“货”，积累太少。没有进，哪有出呢？假如平时养成记日记的习惯，随时注意身边的事，然后记录下来。这样日积月累，就有了非常丰富的资料库。写起作文来，就不愁没有材料，没有话说，只需信手拈来。要写好日记，就必须留意身边的事，做一个有心人。只要养成了记日记的习惯，久而久之，就会发现自己写文章的速度快了，字数多了，内容丰富了，质量提高了。从此，写作就不再是刀山火海，而变成了一次次轻松愉快的旅行。

日记是个百宝箱，不仅指它的容量大，装满了许多有价值的材料，更是指它对提高孩子写作等各方面学习能力是一件法宝。

许多孩子都有过记日记的经历。刚开始还非常有兴致写几篇，慢慢地就变成几天写一篇，再后来就干脆不写了。因此，记日记，关键在于坚持。

徐霞客一生游历了中国的大江南北，每到一处，都把当地的自然地理、风土人情各方面情况记录下来，坚持每天动笔，一生中从未间断过。在这些日记的基础上诞生了《徐霞客游记》这部集地理、文学于一体的辉煌巨著。达尔文随船周游世界，坚持每天写一篇日记，把当天所考察的生物种类记载下来，其中许多内容后来都写进了《物种起源》中。

现在是一个信息时代，新知识像潮水一般涌现出来。而且许多东西，我们还来不及领悟，就一闪而过。如果能把这些知识写进日记里，那么我们就有充足的时间、充沛的精力去学习、研究。“好记性不如烂笔头”，孩子们在学习中特别要注意用笔说话，养成坚持写日记的习惯。

下面是家长指导孩子之法：

1．让孩子走出家门，深入生活，积累素材

写日记必须有可写的内容，这些内容来自于家庭、社会，尤其是后者。广阔天地大有作为，让孩子多接触外边的世界，了解社会方方面面的情况，开阔眼界，增加见识。积累多了，就有话可写，日记内容也就充实、丰富了。

2．督促孩子坚持每天记日记

人的惰性是不可能被完全消除的。孩子有时候会因为懒惰而不写日记，家长就应该教育批评并督促孩子按时完成。即使孩子偶尔一次没写日记，做家长的也不能迁就他。

3．博览群书，扩大阅读面

书籍是传承人类文明的使者。莎士比亚说：“书籍是全世界的营养品。指导孩子多读书，读好书，扩大阅读面，从书中吸取养分，增加知识。”“读书破万卷，下笔如有神。”广泛阅读可以为记日记提供更多的有价值的素材。

4．尊重孩子的“隐私权”

这是家长对待孩子的日记的最重要、最正确的态度。孩子应该有自己的精神空间，作为家长应该给孩子充分的自由。如果家长不尊重孩子充分的自由，不尊重孩子的隐私，私下偷偷地翻看孩子的日记，会引起孩子强烈的反感，导致孩子对日记失去兴趣，或者孩子为保护自己的隐私而不再记日记了。

好习惯57. 孩子摘录的好习惯

学习如掘宝，摘录是最好的工具。

攀登高山，就要采摘果实；遨游大海，就要寻找珍宝；学习知识，就要摘录精华。

常听不少人这样评价时下的青少年：知识浅薄，能力欠缺，目光短浅，见识少，思维幼稚，精神空虚……究其原因，许多人都认为主要是不喜欢读书，阅读面狭窄，涉猎不多，见少识浅。

现在孩子的知识储备、思想深度、思维水平的确不能使人满意。但对于造成这种现象的真正原因，笔者的看法与大多数人恰恰相反。作为语文教师，笔者多次在学生中对他们的日常阅读情况作过调查。发现现在的青少年十分喜欢阅读。

他们经常谈的书籍、报刊、杂志不下10种，还包括一些有一定品位的书籍、报刊，如《基督山伯爵》、《三国演义》、《水浒传》等中外名著；《读者》、《散文》、《青年一代》、《少男少女》等一批当代比较有代表性的期刊，还有《参考消息》、《中国青年报》等思想价值较大的报纸。如此看来，孩子们不但喜欢阅读，而且阅读面也较广，涉猎的知识领域比较多。但为什么他们在知识储备、思想见识等方面没多大长进，依旧肤浅、幼稚呢？笔者认为，这其中的原因在于孩子是读得广，说得多，却吸收少，没有把他们所说、所听的化为己有，如同孩子进果园，虽置身枝繁叶茂、硕果累累的环境，最后却收获甚微。那么，如何才能解决这个问题呢？专家认为：阅读要重摘录。

1. 摘录，手脑的合作

古今中外，典章经文，名著大作，精深博大，浩如烟海。我们要想在有限的时间内读有所获，学有所成，就必须讲究方法。书山文海，光靠爬得快，游得慢，是不会有多大收获的。

面对大量的书籍、报刊杂志，怎样的阅读才是有效的？答案是：摘录。任何一部书、一本杂志、一篇文章都不可能是字字千金、句句经典，其中有些内容有价值，另有些内容可能没有太大的价值。对于前者，我们在阅读的过程中应该摘抄下来，收集在一起，便于更深刻、更全面地研究、掌握。如果每一次阅读都能摘录出其中的精华，那么，日积月累下来，我们就拥有了一笔可贵的财富，可以说是一座座没有杂质的、精华荟萃的宝藏，这对我们以后的学习有莫大的帮助。

摘录，既是一种良好的学习习惯，更是一种科学的学习方法。它不但能丰富我们的知识，而且还能深化我们的思维，提高学习能力，对学生提高成绩有巨大的作用。有一位校园诗人曾说：我最初的诗句都来自于我的摘录本。那里面收集了古今中外无数诗坊大家最精彩的吟唱。

有一个一直畏惧写作文的学生在老师的指导下，一边阅读大量的书籍，一边作大量的摘录，每天对当日摘录的句子、文段仔细分析、深刻品味，并尝试写作。后来，他的作文里也出现了一些颇有文采、有内涵的句子，最后，他的写作水平有了大幅度提高。

摘录不是简单的抄书，它是有选择、有判断的吸取。摘录不仅仅是手的任务，也是脑的责任。读一篇好文章，首先，也是最关键的一步是筛选出文中最具价值的部分，或者是新颖独到的观点，或者是精致巧妙的构思，或是流光溢彩的语言……然后将这些内容抄写到自己的摘录本上，并反复品读，领会其中的奥妙，化为已有。长期这样，自己思考问题的角度、思维的深度广度、语言表达的能力、知识的丰富程度等方面定会有长足的发展。

2. 摘录，是一条学习的真理

其实，摘录不是一个新鲜事物。纵观历史，革命导师、科学大家、文化智者在学习中无不重视摘录的方法。

列宁在研究无产阶级革命最核心的问题——土地问题时，花费了大约十年的时间来详细摘录了美国、法国、德国等国家的大量文献著作和统计资料。《列宁全集》中有大约三卷的内容都来自于摘录。这些摘录来的资料在指导无产阶级土地革命中发挥了巨大的参考作用。

名人的经验是经过时间考验的，对我们现实的学习、生活都有重要的指导意义，文学史上有这样的说法：“司马一人，史经两部。”司马迁写《史记》之前参考了国家收藏的文献、图书，从中摘录了很多内容，包括各家学派观点、故事、人物、文章的体制、不同风格的语言等等，汇总在一起，装订成册，据说其厚度与后来《史记》相当，其价值也不可小视。

前人将他们对生活的理解记录在书中，通过吸取，可以少走很多弯路。学习亦是这样，将别人的经验摘录于本，摘录于心，是成功的捷径。二战后的日本之所以快速复原，高速发展，原因在于直接吸取了各国尤其是美国在经济方面的先进经验。与之相似，我们学习也应这样。摘录前人的成果，创造先进的方法，成就自己的业绩。站在巨人的肩上就更接近成功的巅峰。

下面是家长指导孩子之法：

1. 给孩子提供健康、丰富的阅读资料

资料越多，孩子见识就越广，对孩子有用的东西就越多，孩子可吸取的知识就越丰富。积极健康的阅读内容能净化孩子的心灵，陶冶孩子的性情，充实孩子的精神世界，对孩子良好的个性、积极的人生态度的形成有非常大的促进作用。家长们应提供这样的阅读内容，让孩子的身心在健康、积极的阅读氛围里全面发展。

2. 培养孩子“四动”的阅读习惯

所谓“四动”依次为：动眼、动脑、动手、动口。

在孩子平常的阅读中，家长要注意强调阅读不光是用眼睛看，还要动脑筋思考，动手动笔摘录。在反复品读、理解的基础上，还要大声朗读，达到形神兼备。这“四动”是阅读卓有成效的保证。只有做到“四动”，才能真正从所接触到的阅读资料中吸取有价值的知识。

3. 孩子正确科学的摘录方法

摘录是有选择性的吸取。如果不加以区别，不加以筛选地摘抄，那么就不能突出知识的重点，难以达到快速、准确、高效地掌握知识的目的。读一本书，有价值的内容应细研细读，需先摘录下来，收集下来。对自己用处不太大的东西只需稍作了解，不必花费太多的精力和时间。有些内容只可走马观花，有些内容必须深思熟虑，突出重点要害，舍弃细枝末节。这是家长要不断提醒孩子注意的方法问题。

4. 准备摘录专用本

知识归类，集合成册，这是摘录的一个重要环节。作为家长应该要求孩子用一个专用本作为摘录本，把平时听到学到的知识工整有序地整理在专用本上，而且一目了然。摘录本要保管好，内容要完整。

5. 纠正孩子不正确的阅读习惯

有些孩子读书没有良好的习惯，尤其是读书只用嘴，没有随时动手动笔勾画、标号的习惯。这样孩子在读书时过目即忘，知识如过眼云烟，在脑海里没有留下任何印象。因此家长要随时纠正孩子只读书不摘录的习惯，要培养孩子读书就动笔的习惯，加深对所见知识的印象。

6. 反复阅读已摘录的知识

有些孩子有摘录的好习惯，摘录的内容甚至有几大本，但是他们的知识面仍然非常狭窄，这是为什么？因为他们只为摘录而摘录，所摘录下来的内容很少去复习甚至根本就没有再去理会。摘录的东西成为了一堆毫无用处的废物。摘录的知识要化为已用，才是摘录的目的，所以摘录之后还要花大量的时间去温习、掌握。家长在此方面要起到督促的作用。

好习惯58. 孩子正确书写的好习惯

书写，是一个人的第二面孔。父母要注意培养孩子的书写能力，尤其是刚上学的孩子。字不一定漂亮，但一定要工整清楚。

在信息大爆炸的年代，父母都面临着一个可能，即他们所教授的东西很快就已过时，成为历史。有一点是肯定的，父母都认为儿童不应花太多的宝贵时间练习机械的技巧，其中包括书写。由于生活和社会的命运似乎不依赖于书写，他们给书写设定了一个更实用的标准——达到可辨认的程度。但有些孩子连这一点都做不到。

有的孩子不爱“写字”，父母就要引导。有一位叫扬扬的孩子，每次做功课都是在哭声中进行的，最后再麻烦姐姐“收拾残局”，直到三年级下学期，他才“慢慢”习惯自己做功课。当时有位老师告诉他：“字写得不错，不过如果是老师，可能会写得再干净一点，你不妨试试看！”老师又说：“字不在漂亮，但一定要工整，清楚。”从那一次以后，姐姐就不再是他的超级替代手了。也就是说，老师不着痕迹的“鼓励”，让他开始觉得写字也有一点点好处。

下面是一位母亲帮助孩子积极参与书写的例子：

她的孩子希望学写自己的名字“乐善”。母亲说：“你的名字写出来是这样的（在一张大纸上用彩色铅笔写），看着我写，念出每一个偏旁，我们来数一下有几个偏旁，演示给孩子怎样识别偏旁。现在我们来看一下哪些偏旁是相像的（帮助孩子注意到两个偏旁‘丿’）。你是不是要自己试着写呢（这给孩子一个机会审视纸上的感觉区域）？写给我看哪一个偏旁最先出现（帮助孩子识别‘丿’，将其余部分遮盖住）？你开始写之前能不能告诉我‘丿’看起来是什么样的？”

孩子：“嗯，它有点像眉毛，又有点像胡子。”母亲：“你看得很仔细呀！你要不要先写出第一笔？”

孩子们写字一般喜欢从下向上写，要鼓励他们从上向下写。这是视觉分析的第一课，训练孩子在做事情前先对外界的信号进行分析和组织。你有没有意识到这样做，使孩子在这件事上觉得自己有控制权，他不仅仅学会复写一个字母，同时还在学习用感官进行分析的技巧，还在进行口头的信息转换。这种学习能够帮助他记得更牢，并避免在阅读时对相似的字母有识别的困难（如N和M）。大多数学校不会用这种方法教孩子书写，因此这是父母可以发挥独特作用的地方，但一定要等到孩子足够大（大约4～5岁），这样你同孩子都可以得到一个成功的享受。

感性学习的原则也可应用于还没有养成良好书写习惯的年龄大一些的孩子身上。有些十分聪明的孩子却对字母的组成形式感到困难，许多孩子在小学的高年级，甚至初中时，仍然在这样一些细节处挣扎，如M和N中有多少转折等。如果你能细想一下这些字母在印刷体和草书中有多么不同，这样的困惑就很容易消除了。对字母和单词的“视觉记忆”每个人都有很大不同，这对书写和拼写有明显影响。

每个人都希望自己写得一手漂亮的好字，孩子也不例外，但是字写不好与很多因素有关。对于低年级孩子而言，他们的小肌肉发育尚不完全，手部精细活动不协调（不同的儿童存在着一定差异，但整体发展的规律是这样的），因此，写作业时即使有写好的愿望，书写质量依然较差，我们经常看到一些孩子写字非常卖力气，有时本子都被字迹穿透，一有错字就拼命地擦，最后弄得本子又黑又破，字还是歪七扭八的；有的孩子书写差与坐姿、书写姿势的错误有关，例如：歪着（或趴着）身子、本子没有放正、头和书本的距离过近、执笔姿势的不正确等；字的笔顺、笔画、结构掌握不好也是书写差的原因之一；另外，有的孩子为了及早完成作业，只求写完，这种孩子虽然能把字写得较好，但对书写没有一个认真的态度，因而造成作业质量低下。

我们给父母们的建议是：

1．让孩子喜欢写字

孩子之所以不喜欢写字，一部分是因为生理发育还未成熟，以致眼手协调不良。如有可能，不妨和孩子多玩“沙地写字”、“海滩作画”的游戏，让孩子在广阔的沙地中，快乐地写下他刚刚学会的“国”字。这可比在笔记本上，一笔一画的勾勒，要有成效。因为孩子多半不喜欢有框框框住他们的写字空间。等他们会写那些字后，对老师交代下来的作业，自然不会有太大的抗拒，否则你和孩子之间的战争，不知还要持续多久咧！

2．用故事来教育孩子

在故事中，你可以告诉孩子一些写字能博取父母喜欢的情节，让孩子有机会从中“顿悟”写字的潜藏功能，如此绝对比逼他就范有效得多。

3．字不一定漂亮，但要工整清楚

对孩子的书写问题要具体情况具体分析，是态度不端正的，首先应告诉孩子写作业和书写工整漂亮的目的，让孩子知道，作业不单是为了巩固所学的知识，仅仅保证正确是远远不够的，作业还有提高书写能力的作用，写得一手好字可以让人受益终身。在讲道理的时候尽可能多举一些实例，避免简单的说教，让孩子觉得与自己无关而不能引起足够的认识。父母可在一段时间内，对孩子每天的作业书写情况加以点评，对孩子在书写上的点滴进步给予表扬，不断激励孩子以正确的态度对待作业的书写。

4．注意培养孩子正确的书写姿势

如果孩子的书写姿势有问题，一定要及时进行纠正，这样既可以保证孩子的视力，也可以使孩子通过简单的儿歌来记忆书写的正确姿势，并时刻提醒自己注意。例如：书写要求“三个一”，即眼睛离桌面一尺远，胸离桌子一拳远，手离笔尖一寸远。另外可以给孩子缝制一个“一尺带”

（用彩带按一定尺寸缝起的环形带子），在书写时，带子的一端套在孩子的脖子上，另一端套在写字手的腕部，在写字时要让一尺带绷直，使头部与书本保持一尺的距离。

5. 孩子的书写能力也可加以训练使之提高

每天可让孩子专门练写几个字，每个字书写遍数不求多，少到5个，最多不超过一行。写的时候要求孩子先看，了解字的框架结构，还可让孩子说说每一笔画的位置、笔顺的先后，父母及时发现错误立刻予以纠正，在做完这些准备后再开始动笔书写，经过这一过程，孩子对所要书写的字有了较详细的了解，写起来自然胸有成竹，根据他书写的情况可以提一些建议，如：落笔时用劲的大小，用橡皮时要注意轻一点，橡皮一定要常常清洗等。

好习惯59．孩子写作的好习惯

写作是一种重要的表达。父母要鼓励孩子“即兴”写下自己的想法，不必在乎语法和拼写问题。

请看一位母亲的叙述：儿子从上二年级开始，按老师要求写周记。刚开始，真是不伦不类，连流水账都写不利索。我看了每每又勾又改，帮他整理一番，整理的结果自然是他的周记被老师夸赞。

可儿子并不领情，总认为我对他吹毛求疵。我想俗话说外来的和尚会念经，儿子莫不是犯了这种意识上的错觉，干脆报个作文启蒙班，学去吧。

儿子开始很不情愿。听了一堂课后突然宣布这个班好玩。我去听，细一打听敢情是老师采用趣味教学方式，堂堂课讲故事，不过讲故事的代价是临下课时老师会单讲一个故事梗概，请同学们按自己的想法补充内容，当然我看了两次儿子的作文作业，个别的有明显错误的，也没能纠正，反而都打着大大的5分。我又开始自作多情了，每每儿子写作文时我就站旁边指点一二，儿子呢，照样颇不耐烦。有一天儿子回来很得意地宣布，自己的作文被老师当范文了，题目是《妈妈教我写作文》，摘抄如下：

我妈妈是一家小报的编辑，听说是专门给人改作文的。

我上二年级的时候，学校有了作文课，每次我写完，妈妈都要先替我看一遍。一边看一边挑毛病：这加点细节，这用词不准，这缺乏自己的看法。至于什么叫细节，什么叫看法可就不管了。

我烦了，不听妈妈的。妈妈给我报了个作文班。真奇怪，我写的作文总能得5分，老师还夸我不错呢。

我老是想：妈妈说我不好的作文，还能得5分，肯定是妈妈说错了。那妈妈是怎么给别人改作文的呢？她要是老给别人改错了，她们的领导批不批评她？

我边看边笑，觉得儿子这篇作文确实不错，最起码文通句顺，写出自己的感情来了。

不过，要细琢磨儿子这篇东西，我想我这种教学法是不是有点欲速则不达呢？从那天开始，我对儿子的作文都是等老师阅后再作评点，美其名曰：让你们老师了解你真正的水平。对此，儿子并无异议，反而悄悄地议论：我妈对我的作文放手了。

用写作来表达自己的想法是对孩子的思想和语言背景的最终检验。如果想成为一位文章作者：①必须懂得并能将信息和想法综合起来；②组织出原始的陈述内容；③找到正确的语句；④将内容按顺序排列起来；⑤这些想法要在头脑中保持足够长时间以便将它们写在纸上。孩子是否有能力完成这样复杂的练习取决于三个因素：对想法的理解，语言的表达，还有基本写作技巧。

孩子们最开始是写一些自己的经验，再后写一些想象中的故事、诗歌和“评注性文章”。一个孩子如果不能轻松地口述一件事，往往在试图写下它时也会发生困难。学校里的教学是不可能弥补孩子成长环境中的语言缺陷的。

我国当代著名文学家、教育家叶圣陶有三个孩子，一个叫至善，一个叫至美，最小的叫至诚，都小有名气。说起叶老对孩子的写作训练，对父母们很有启示。

一天，吃罢晚饭，叶圣陶戴上老花镜，坐下来开始给孩子改文章。至善、至美和至诚兄妹三人，各居桌子的一边，眼睛盯住父亲手里的笔尖儿，你一句，我一句，互相指责、争辩。父亲并不责怪他们，说是改文章，实际上是和孩子们商量着共同措辞，提炼思想。

叶圣陶给孩子改文章不像老师那样在文章上画画改改，而是边看边问：这儿多了些什么，少了些什么，能不能换一个比较恰当的词儿？把词儿调动一下，把句式改变一下，是不是好些？……遇到他不明白的地方，还要问孩子：原本是怎样想的，究竟想清楚了没有？为什么表达不出来？怎样才能把要说的意思说明白？有时候，至善、至美他们让父亲指出了可笑的谬误，孩子们就尽情地笑起来。每改完一段，父亲就朗诵一遍，看语气是否顺当，孩子们也就跟着父亲默诵。

父亲循循善诱，孩子们自然进步很快。兄妹三人很小的时候，他们的文章就得到朱自清、宋云彬的好评，出版社还出版了他们的习作《花尊》和《三叶》，宋云彬和朱自清分别为两本集子写了序。

在美国一家普通的幼儿园，刚刚入园的孩子被老师带进孩子园图书馆，很随便地坐在地毯上，接受他们的人生第一课。一位孩子园图书馆的老师微笑着走过来，她的背后是满架满架的图书。“孩子们，我来给你们讲个故事好不好？”“好！”孩子们答道。于是老师从书架上抽下一本书，讲一个很浅显的童话。“孩子们，”老师讲完故事后说：“这个故事就写在这本书中，这本书是一个作家写的，你们长大了，也一样能写这样的书。”老师停顿了一下，接着问：“哪一位小朋友也能来给大家讲一个故事？”一位小朋友立即站起来，说：“我有一个爸爸，还有一个妈妈，还有我……”幼稚的童声在厅中回荡。然而，教师却用一张十分好的纸，很认真、很工整地把这个语无伦次的故事记录了下来。“下面，”老师说，“哪位小朋友来给这个故事配个插图呢？”又一位小朋友站了起来，画一个“爸爸”，画一个“妈妈”，再画一个“我”，当然画得很不像样子。但老师同样很认真地把它接过来，附在那一页故事的后面，然后取出一张精美的封皮纸，把它们装订在一起。封面上，写上作者的姓名，插图者的姓名，“出版”的年、月、日。老师把这本“书”高高地举起来：“孩子，瞧，这是你写的第一本书。孩子们，写书并不难，你们还小，所以只能写这种小书；但是你们长大了，你们就能写大书，就能成为伟大的人物。”人生第一课结束了，在不知不觉之中，孩子受到了某种“灌输”。

父母鼓励孩子写作，要善于引导，我们给父母们的建议是：

1．打好基础

为训练孩子具有最初的表达能力，当孩子稍大时，就应该要求其尽量说出完整的句子，不要任其总是说孩子话。如把猫说成“咪咪”，把凳子说成“凳凳”。这是因为小孩掌握的词汇少，只能用一些简单的字或象声词来代替。随着孩子年龄的增长，父母要适时教他更多的词汇和正确的表达。为了孩子，父母平时说话速度不要太快，发音用词尽量准确规范，因为父母的语言会对孩子产生潜移默化的作用。若父母说话常常颠三倒四，胡乱用词，词不达意，很难要求孩子不这样。语言环境对孩子学习语言有着最直接最重要的影响。父母常常给孩子朗读儿童读物，并常常讲故事，然后让孩子复述，可以丰富孩子的词汇量和锻炼其表达能力。孩子只要语言表达清楚准确，写作就有了良好的基础。对小学低年级学生来说，能把想说的意思写下来，就是一篇不差的作文了。到三四年级之后，提高孩子的写作水平，主要在两方面用点力气。一是让孩子多读与其水平相适应的课外书籍，熟能生巧，看多了自然而然地会提高文字表达能力。二是常带孩子走出家门，让其能有更多的实际感受，以增加写作题材。应要求孩子写真情实感，描写要生动而有特点，不宜成天让孩子读范文、写作技巧一类书，不能总是模仿别人。

2．帮助孩子提高写作水平要讲究方法

在讲写作主题时，要耐心启发，先让孩子自己谈想法，父母再作些提示。讨论时要尊重孩子自己的意愿，不要以大人的构思习惯，去套住孩子活跃的思维。哪怕你是一个作家，也不要这样做。

3．在帮助孩子修改作文时，千万不要包办代替

切不可大笔一挥，又砍又添，最后不知是孩子的作文还是你的文章。

4．增加孩子词汇

为了增进小孩子的词汇，父母应该多用心注意听小孩子讲话的内容，多和孩子做游戏，彼此互相交换心得。由于小孩子非常容易模仿父母亲所说的日常用语，因此大人们必须小心地使用适当的词句。

5．从零岁开始的写作：记日记

日本一家儿童俱乐部研制出一套从零岁开始培养优秀孩子的教育方法。他们的做法是从婴儿零岁起就给他们听录音和看画册，以挖掘和启发儿童的潜能。

6．鼓励孩子写

新学写作的孩子的父母能为孩子帮些什么忙呢？不要错过鼓励帮助孩子的机会，我们可以做很多事：定期给孩子朗读；鼓励孩子清楚地表达自己的想法；给孩子写条子和信；创造一个有书桌、纸张、铅笔等物品的书写环境；建议孩子将自己想写的题目先对着录音机讲一遍，讲后重复放一遍，再将内容写下来；手头有一本字典；养成孩子互相讲故事的习惯，等等。

好习惯60. 孩子即兴写作和用电脑写作的好习惯

帮助孩子解决作文难的问题，丰富孩子的写作素材是关键。要鼓励孩子即兴写作和用电脑写作。

现在，电脑在家庭中基本普及。父母应该鼓励孩子即兴写作或用电脑写作。

1828年8月28日，托尔斯泰出生在图拉城附近的雅斯纳·波良纳。托尔斯泰2岁的时候，母亲就去世了，还不满9岁的时候父亲离开人间，托尔斯泰成了孤儿，生活阴影笼罩着他，就在万分危急时他的一位远房亲戚收养了他。

托尔斯泰的文学才能是在小学时被老师发现的。有一次上文学课，老师问：“谁读过莎士比亚的剧本？”托尔斯泰站起来说：“老师，我读过。”全班同学都用惊奇的目光看着他。老师接着说：“你能把剧本大体意思说一下吗？”他非常自信地说：“能！”他大声背诵莎士比亚剧本中的精彩段落，似天上流云。当他背完时，教室里寂静无声，同学和老师都惊呆了。

从此，文学老师鼓励他在文学上继续发展，他也由此树立了人生的目标。他不懈努力，苦练写作，积累素材，创作了《战争与和平》、《安娜·卡列尼娜》等一系列巨著，成为世界最伟大的文学巨匠之一。有人问托尔斯泰：“你能成为伟大作家，肯定头脑特别灵，有文学天才是吗？”

托尔斯泰说：“文学天才是不可否认的，但这种天才最好在少儿时期便能被发现，尔后树立目标，为之奋斗，便多半能够取得成功。”

现实生活中，父母常常有类似这样的抱怨：“他在每周的测验上拼写得很正确，同样的词转眼在他的报告里却给拼错了。太不用心！”是不用心吗？不一定。测验时所有的注意力和推理都集中在单词上。然后再与写作的要求比较一下，写作时大脑高级中心都集中在写作内容上。孩子不是有意不经心，他的拼写能力还没有达到足够的下意识程度，因此不能充分利用记忆中的词汇去服务于文章的内容和结构。

对这样的问题有几种纠正方法：鼓励孩子“即兴”写下想法，不必在乎语法和拼写的问题；父母可给写作技巧上有问题的孩子当检查员；在孩子开始时与结束时总找出一些要点进行表扬；父母可以多看孩子写的作文，对文中可取之处及时给予肯定、赞赏，并试着让孩子养成愿意修改作文的习惯，在修改之中才能精益求精；孩子的作文水平提高之后，他的文学鉴赏能力也会有所长进，对文学的兴趣会更强烈，这样，文学修养必然会得到提高。

好的作者在写出满意的作品前要写出很多底稿。一个原稿在“清晰之前必是一团糟的”。将字打入电脑可以省去许多对大脑提出的工作要求——这些要求使一些人感到写作是件非常困难的事，用电脑写作可以将工作记忆解放出来对想法进行组织并将它们形成文字，再加上电脑中的拼写检查可以充当自动检查员，它可以强迫孩子检查和重拼单词的系统能有效地鼓励“一写就对”的准确性和教孩子怎样进行修改。计算机打出的文章十分漂亮，这对书写很差的孩子是一种鼓励。孩子们从中感到骄傲，从而激励他们更进一步地纠正错误和改写，而计算机可以帮助他们避免每次修改都要重新抄写的劳苦。

孩子们应从什么时候开始接触键盘呢？如果是自己探索着开始的，没有经过正确方法的指导，他们会在自己的神经中植进低效的习惯。视觉是一个重要感官，用眼睛去寻找键码，不但速度慢而且比用下意识的触键动作等消耗更多的大脑皮层的能量。一些教育家建议即便是6岁的孩子也能够开始学键盘，但对此并无一致结论。还是倾向于孩子应通过学习用铅笔书写得到足够的手臂上的感觉。

有些人在将语言和视觉结合起来时能够写得更快，这是将左右脑功能结合使用的全方位处理方法。有一种非常有趣的方法可以引发孩子对写作的爱好，那就是让孩子先画图画，然后试着描述它们，这可以激发孩子的想法并促进一些基本的组织能力的发展，这对于觉得有困难发现写作题目的孩子，或者对一些学习风格偏重于视觉而非听觉的孩子尤其有效。

但在孩子的乐趣中，最重要的是读书。不过应特别注意书的选择，一个人喜好什么样的书，往往取决于他第一次读的是什么书，而且幼年时期读的书往往能够左右这个人的一生。

应使孩子从小养成看报的习惯。有人禁止孩子看报，我却相反。但是美国报纸在星期日的副刊中不良的报道和画儿较多，应很好地注意。再者，孩子们最喜欢讲故事，特别是对于年龄较小的孩子，讲故事更为重要。它不仅能丰富孩子的知识，而且往往成为引导孩子看书的桥梁。我在讲故事时，经常是讲到最有趣的地方就打住，并告诉孩子这个故事在哪本书中，鼓励她看书。

我们常看到这样一种现象：老师布置了一篇作文，孩子回到家苦思冥想，抓耳挠腮，好半天也无法下笔。有的甚至急得哭了，作文对他们来说简直是一种“煎熬”，做父母的有时也急得手足无措。这到底是为什么？究其原因也许是多方面的，但其中关键的一点就是因为缺乏习作素材。巧妇难为无米之炊呀！所以，要帮助孩子解决作文难的问题，丰富孩子的习作素材是个关键。作为父母如何切实有效地指导孩子积累习作素材，这当中还有不少窍门呢！

我们给父母们的建议是：

1. 要写好文章，孩子必须学会在头脑中进行一场与自己的私下交谈

优秀的写作来源于作者脑中的一种独特的内在声音，它不同于写下来的谈话。唯一能获得这种内在声音的方法是阅读和倾听优秀范文。

2. 对阅读和写作的熟练与喜好来自于听与说的基础

如果你的孩子已经大了，不要丢掉一些欣赏好的诗歌与文学作品的机会。设法使写作成为每天生活的部分——一个令人喜爱的个人智能上的探索。即使对大一些的孩子，也要经常同他们一起坐下探索文学头脑的宝库，在培养孩子对写作的兴趣上没有“为时已晚”的时候。

3. 让孩子博览群书

“书籍是人类进步的阶梯！”这是一句至理名言。莎士比亚也曾形象地比喻说：“生活里没有书籍，就好像地球失去了阳光；智慧里没有书籍，就好像小鸟失去了翅膀。”可见书对于人们是多么的重要！如今父母都十分重视子女的教育，但指导孩子读书并不是给孩子买几本书那么简单。要引导孩子把书读好，父母至少得做两方面的工作：首先，帮助孩子选择可读的书，帮孩子选书不仅要注意书的价值还得兼顾书的涉猎面；其次，还必须教给孩子读书的方法，让孩子学会读书，有些书甚至得与孩子一起读。真正能把书读好了，书中的很多事迹、人物、景物等都能成为孩子平时习作中的素材。不仅这样，读好书对提高孩子的习作技巧，丰富孩子的语汇也同样大有裨益，这也许就是古人所说的“开卷有益”吧！

4. 看好电视

电视是一种有教育意义的工具，它能丰富孩子的习作素材，激发孩子的学习兴趣和动机。所以消极地控制孩子看电视并非上策，正确的做法应该是引导孩子看好电视。例如一些有意义的纪录片、历史剧、人物介绍，一些新闻、动画、喜剧，还有些体育、文化、科学节目，都可以有选择地引导孩子看。要引导孩子观察电视中有特点的东西，如山峰、树木、花朵

等。另外，看完一个节目后，父母也可以让孩子写写内容提要，然后再与电视报刊上的介绍对比。当孩子对节目特别感兴趣时，父母还可引导他写写观后感。这些对切实提高孩子的写作能力，丰富孩子的习作素材都大有帮助。

5. 促膝长谈

带着孩子去感受生活、参加活动、指导孩子读书、看电视，显然能够为孩子增加一些习作素材，但这一切仍有局限性。如果父母能把自己平时的所见、所闻和所感，通过聊天与孩子进行交流，也能切实丰富孩子的写作素材。因为很多事情都是孩子目前所无法直接经历与体验的，只有通过这种方式让孩子间接地来感受，积累一些间接经验。

好习惯61. 孩子阅读学习的好习惯

孩子对文字的冷漠态度就像一种隐形液体，正慢慢地渗透到社会文化中。当逃避阅读成为习惯，孩子的阅读能力便会退化，从而直接影响他们的成长。

作家赵丽宏在其散文《永远不要做野蛮人》中不无忧虑地写道：“我曾经担心，现在的中学生课外阅读的范围越来越窄，能用于课外阅读的时间也越来越少，许多人已经丧失了阅读文学名著的兴趣和欲望，而其他与课程和考试无关的书，他们更是难有机会涉猎。这是一个令人担忧，也多少使人感到悲哀的现象。”实际上，伴随着电子产品（尤其是网络）长大的孩子，他们不但阅读时间和阅读范围日益减少，而且他们的阅读兴趣也随着“读图时代”的来临而削弱，许多孩子甚至养成了排斥文字的坏习惯。他们的课余时间被影（音）像、电子游戏和卡通占据着，文字在他们的阅读中只是一种小点缀而已。

这是高科技所带来的一种普遍趋向，人们对文字的冷漠已随处可见。据盖洛普公司调查显示：1999年只有7%的美国人每周阅读一本或以上的书。59%的被采访者声称，他们读书是偶尔发生的事情。美国生物伦理学家佩莱格尼针对这一现象解释说：“电脑加上电影、录音带和电视等其他非文字主流传媒，使人们无须阅读便能吸取大量的信息，是它们加快了人们阅读技能的萎缩速度。”

《中国青年报》在2001年8月6日刊登的一篇题目为《网络与影视横

行的年代，你冷淡了文字吗？》的文章中提到：“只要留心人们就会发现，如今两三岁的孩子简直都是‘古怪精灵’，一张小嘴表达能力特强。教育学家认为，这是电视大量信息对儿童刺激的结果，电视使他们的语言能力得到开发。但奇怪的是，这些孩子长到十几岁时却大多归于平庸，读写能力尤差，例如前段时间传出的某次全国性考试，有学生面对考题无话可写，竟引用《大话西游》里的台词！教育学家认为，清晰表达思想的能力，必须通过大量的阅读才能获得，而电视无法培养人们的这种能力。在与电视‘依存’的日子里，人们养成了一种远离书籍的坏习惯，就像与一位朋友在一起待久了，他的坏毛病会沾染你一样。”

家长帮助孩子养成喜爱阅读文字的好习惯，可从以下几方面入手：

1．父母首先要有阅读习惯

这是一种潜移默化的影响，因为孩子会不断地询问：“书里到底有什么有趣的故事？”如果父母不读书，却想让孩子读，他就会说：“你们都不看书，凭什么让我看？”

2．关掉电视，去阅读伟大的著作，它会开启你的智慧之门

这是美国作家理查德的真诚劝告。种种迹象表明，电视是使孩子们冷落文字的罪魁。据一些美国学者的调查显示，如今一个20岁左右的人，至少已经花了20000小时看电视。可见，电视已经疯狂掠夺了孩子宝贵的阅读时间。电视总是扮演着这样一种角色：企图主宰人们的思想，人们有意无意就被它牵着鼻子走。它虽然给了人们感官上的愉悦，却无情地消耗了人们宝贵的时间。

3．让孩子们在阅读文字的过程中感受到文字的非凡魅力

因特网尽管模糊了时空的疆界，让我们的生活更加便捷。但是，对文字的疏远，必然会让我们失去欣赏文字所蕴藏着的深沉的魅力的机会。电子产品和书籍的最大不同在于：电子阅读物缺少了一种富有质感的触摸感，只有纸制阅读物独具一种令人倍感踏实的亲和力。当你静心阅读，以平和的心态在字里行间徜徉，你就能发现你已经不知不觉走进了一片迷人

的宫殿，那里面的奇幻，会令你流连忘返。

4. 和孩子一起制定阅读计划，指导孩子阅读经典

孩子的阅读习惯应从识字开始，随着孩子识字能力的增加，家长就需要有意识地指导孩子阅读。在全面了解孩子的阅读兴趣的基础上，和孩子一起制定阅读计划。古今中外的文学经典，自然是孩子阅读的首选。让孩子们的心灵与大师们交流、碰撞，让他们深切地感受到文字里所蕴藏着的瑰宝。

没有什么能比阅读经典更能够使孩子汲取人类智慧的精华了，没有什么比阅读更能够丰富孩子的精神世界了。孩子浓厚的阅读嗜好是比什么都更能够促使拥有他们自觉主动地求知的无穷魅力。

孩子的阅读冷漠症是现代文明所造成的危害，父母只有理性地认识这种危害，才能采用正确的方法引导孩子纠正逃避阅读的可怕习惯。

第七章

微笑是心灵结出的最美丽的花

——快乐学习习惯的培养

好习惯62. 孩子对学习产生兴趣的好习惯

兴趣，是孩子学习知识的动力源。激发孩子的学习兴趣，能够令孩子的学习从自发走向自觉。

陈宇华，1972年生，原籍中国，1978～1984年就读于长沙市48所子弟小学。1984～1990年随父母由湖南到福建厦门就读厦门一中。1990年以厦门高考文科第一名的成绩保送到中国人民大学，1990～1992年就读于中国人民大学经济系。1992年以当年大陆唯一的本科生被录取到美国斯坦福大学。1992～1995年就读于美国斯坦福大学。1995～1997年就职于美国科尔尼咨询公司香港分公司。1997～1999年就读于美国哈佛大学商学院。1998年就职于美国高盛投资银行香港亚太区总部。1999年就职于默多克新闻集团北京分公司。2000年1月创办华有德康信息技术有限公司。

和其他的孩子一样，陈宇华小时候也并不是特别爱好学习，陈宇华的父母后来回忆说。大家都夸宇华聪明，父母倒觉得，小时候她和其他孩子并没有什么太大的差别，无论从智力上，还是对学习的兴趣上。

像大多数家长一样，在宇华一两岁的时候，父母就给她买了许多的书，像什么《唐诗三百首》、《幼儿数学》、《十万个为什么》等等，一有空闲的时候，就给她灌输，但是她并没有表现出多么大的兴趣。往往是父母一边讲，她一边玩，东张西望，心不在焉的，根本不感兴趣。“宇华，给爸爸背背昨天教你的那首诗，好吗？”“……”宇华摆弄着玩具。“鹅，鹅，鹅……”爸爸提醒道。“……”宇华还是不理，把玩具举起来，突然说：“爸爸，我要好多好多的玩具！”

父母也没办法。看看人家小孩，说：“来，给叔叔阿姨背首诗！”小家伙就摇头晃脑地背诗：“日照香炉生紫烟，遥看瀑布挂前川……”父母听着，十分羡慕。宇华连“鹅鹅鹅”都不会背。父母也不知道该如何办，甚至有时候想，这孩子是不是有点笨呀？

那时候，他邻居家有个小孩，就是爱玩，学习成绩非常差。虽然管得特别严，但成绩一直就是上不去。她的父母气极了，就逼她学习，结果逼也不行，照样地玩，就打她，谁知道打也不行，那小孩还挺倔，一边嚎叫，一边一个劲地喊：“我就不爱学！我就不爱学！打死我我也不学！”听了这小孩的话，不光她爸妈生气，宇华的父母也生气：现在这些小孩，到底想干什么？学习条件这么好，还不爱学，他们爱什么！

宇华倒是挺喜欢小汽车的，整天拿着个小汽车摆弄，可这有什么用？“爸爸，汽车为什么四个轮子？”一天，宇华举着小汽车问。“四个轮子才稳当呀。”爸爸一边看报纸，一边随口说道。“那，三轮车为什么是三个轮子？”“……有三个轮子，也就稳当了……”爸爸有些不耐烦，因为他正在看一条重要新闻。“那，自行车怎么只有两个轮子？”爸爸放下了报纸，有些吃惊又有些尴尬地看着宇华，宇华正睁大眼睛看着他。父女对视了一分钟，爸爸才缓过神来。

从宇华乌黑但充满了疑问的大眼睛里，爸爸像是看到了什么！“这不就是几何的几个基本原理么？”爸爸的脑子里像有个小火花跳跃了一下，当然，这只是实际生活中的几个小小的疑问而已，但正因为是实际的，不是比教学上的理论更鲜明、更活泼吗！爸爸知道该如何做了，像是大梦初醒一般！“好孩子，”爸爸一把把宇华扯到怀里。“来，爸爸给你讲！”爸爸就用最浅显的话，认认真真地给宇华讲着。令爸爸感到特别高兴的是：这次宇华竟然一动不动，昂着脑袋，老老实实地听着爸爸的话，既不乱讲话，也不做小动作了。调皮、不爱学习、不会背“鹅鹅鹅”的宇华，现在多么像一个好学生啊！

这件事情给父母很大的启发，那就是：兴趣是最好的老师。以前听这句话，父母还不太相信，兴趣？她根本不去学习，哪里来的兴趣？她哪里知道学习的兴趣？难道，只是吃啊、玩啊这些兴趣？现在，父母明白了，兴趣不仅仅存在于课本中，课堂上，更多的是存在于现实生活中。

从此，父母也开始发现，宇华原来是个非常爱学习的孩子：她老是在不停地提问。“爸爸，为什么天是蓝的？”“妈妈，为什么海水也是蓝的？”“为什么喝的水，洗脸的水，却没有颜色？”以前，父母会觉得烦，总是要么胡乱说说，要么搪塞不理——其实，还有一个原因，有的东西父母也不知道。这是不是大人的虚荣心在作祟呢？看来得好好看看《十万个为什么》了。后来，父母就把一切地方，都当作了宇华的大教室。

就这样，父母认真地对待宇华的各种问题，能解决的就解决，不能解决的，一面让她自己考虑，一面自己补习各种知识，然后再告诉她。宇华的“求知态度”得到了认真的回答，求知热情也就更加高涨起来，不断地提问，也在不断地获得知识。

怎样激发孩子的学习兴趣呢？我们给父母们的建议是：

1．让孩子从学习中不断感受到乐趣

对未知的探索、对新知识的渴求，和我们旅游爬山一样，登得越高就看得越多越远，从而充满着获得知识的愉快。当孩子尝到这种乐趣之后，即使管得严些，孩子也容易接受了，因为孩子从中感到了快乐。

2．让孩子从努力中不断体验到成功

学习是一个苦差事，如果只是一味地苦读，尝不到一点收获成功的回报，时间长了势必会厌倦。因此，对孩子的点滴进步和成功，我们都应看到并给予适当的表扬或鼓励，哪怕是一句“今天很不错”的话。孩子体验到成功的快乐，从而激励自己再下苦功夫去争取更大的成功。

3．要帮助孩子在奋斗中不断瞄准新的目标

带孩子登山，我们总会常常指着前面某一处说，加把劲爬到那里歇一会儿。每次作业，每次考试，每次寒暑假，父母都应该帮助孩子定出应完成并且努力后能完成的目标来。如今天作业争取8点前做完，这次考试力争平均分数达到80分，比上次高2分等。让孩子学习有目标，有奔头，这样不仅让孩子从目标完成上感到的压力而转为动力，更能让孩子从努力超前或超质量完成目标中常常体验到成功，为以后攀登更高的人生目标打好基础。不过在目标设置中一要防止要求过高，孩子努力了也完不成，他又何必去努力呢；二是不能随意在孩子已完成目标后再加码，让孩子感到我努力了反而会有更多的作业在等着我，与其如此，不如慢慢做。

4. 鼓励孩子参加课外活动小组

课外活动的实践，可以使孩子切身感受到知识的不足，需要进一步学习。如孩子对数学没有兴趣，鼓励孩子参加数学兴趣小组，多做数学趣味题，就会激发孩子学习数学的兴趣。

好习惯63. 孩子勤奋学习的好习惯

爱因斯坦曾经说过："天才是99%的汗水加1%的灵感。在天才和勤奋之间，我毫不迟疑地选择勤奋，她几乎是世界上一切成就的助产婆。"

吴静贤，一个普通的中国女孩子，从北京大学毕业，拿到英国剑桥大学的录取通知书，她拥有一个光明灿烂的未来。这与她的父母从小培养其勤奋学习的习惯是分不开的。

吴静贤是一个勤奋的女孩。她看不起那些守株待兔、凡事总想不劳而获的人。她信奉一条原则：99%的汗水加1%的天分才会成功。小时候，父母就用"头悬梁，锥刺股"的故事来教育她。上高中后，她制定了自己的学习计划。

静贤上学时每节课都上得心惊胆战的，总怕老师叫自己回答问题，要是自己回答不上来，挨一顿骂可是太丢人了。

于是，静贤和同学们就都在这种状态下存活着，像一头头勤奋的牛，没有思想。唯一的特点就是整天忙忙碌碌，晚上回想一天的收获时，却发现是一片空白。

静贤每天都要从早忙到晚。早晨5点多起床，要在6点半之前赶到学校上早自习。早上的一二节课，都是在半睡眠的状态中度过的，为了不被老师呵斥，提心吊胆，书挡脸，手托腮地小睡一二分钟是她最惬意的时候。

中午赶回家吃饭，吃饭后不敢睡午觉，总怕晚上写不完作业而一定要在中午抓紧时间。每堂课都在不停地记笔记。记得第一次期中考试的时候，除了死记硬背和见过的题目之外，一律不会做。“如果照此下去，自己不但考不上大学，很可能连高中都考不上。爸爸妈妈对自己实在是太好了，他们把希望都寄托在自己的身上，如果考不上大学，他们该是多么难受啊！我一定要摆脱这种被动的状态，制定一套自己学习的方案”。

静贤下定了决心。她为自己制定了一个时间表：

早晨5:30起床、洗漱、吃早饭

6:30早读，然后按学校安排上课，课间要到室外去散散步

12:00午饭、午觉

下午1:30起床、上学

2:00上课

晚上5:30放学后跑步20分钟回家

6:10～7:00预习英语（要记住新单词和读熟课文）

7:00吃晚饭

7:30自学数学和其他科目（其中，一定要注意查清自己没有理解的知识点）

9:00复习前一天学习的知识

注：每周末，要总结一次各科知识点，并把自己做错的题目记在一个本子上，并且一定要注明当时做错了的原因。

逐渐地，这套学习计划成了静贤的习惯。这期间，静贤经常为了理解自己没有弄懂的知识点而又一定坚持自己的时间计划，没有完成老师布置的作业，于是，老师的批评在所难免。

后来，静贤常常在老师讲例题时作一些补充，把同学们惊得目瞪口呆。终于，在期终考试中，静贤名列全校第一名。当同学们以特殊的眼光看静贤时，静贤却认为自己不过是走了运，而且是走了大运才考到第一名。

然而，班主任却没有忽视静贤在学习中的明显进步。他仔细研究了静

贤的试卷，发现静贤解题的许多方法都不是老师在课堂上讲的。他问静贤平时是如何学习的，静贤就告诉了她自己的学习方法。

父母如何培养孩子勤奋学习的习惯呢？我们的建议是：

1．培养孩子的耐心

可以让孩子长久地做某一件事，以此锻炼孩子的耐力。

2．教育孩子有责任感

什么时间，干什么事，要有明确目标，力争今日事今日毕，不要等明天。

3．珍惜时间的观念

以下几个方面的建议对父母也许有用：

（1）制定一个时间表，在家什么时间起床，什么时间上学，什么时间放学回来，什么时间休息、睡觉，复习功课用多长时间等等，要通盘考虑，合理安排，忙而不乱。要教育孩子认真遵守，持之以恒。

（2）时间安排要有张有弛。不要把时间全部都安排在学习上，连星期天也不准许玩。要有劳有逸，劳逸结合。要根据孩子年龄特点安排玩耍的时间，以利于孩子的身心健康发展。

（3）要充分利用最佳时间。儿童时期，孩子的大脑发育尚不完善，比起成人来，容易疲劳。他们记忆力好，但不宜进行过长时间的学习。一天最佳的学习时间，是在上午9~11点，下午3:30~5:30，但在中午应让孩子有2个多小时的休息时间。

（4）晚上做作业，复习功课，但不宜时间过长。时间过长，会影响孩子入睡。

（5）要及时检查孩子对时间的使用。有了一个时间表，可以使孩子学习、生活有秩序地进行，但要注意及时检查。

好习惯64. 孩子专心学习的好习惯

学习的最大“敌人”就是注意力涣散。只有聚其精，会其神，才能专其心，致其志。

比尔·盖茨从小就表现出惊人的专注力，加之家庭的引导和培养，使其长大后能长期痴迷于计算机。孩子好奇心强，可能对许多事物都有兴趣，但往往很难专注于某事，浅尝辄止，结果一事无成。有的父母也存在浮躁心理，喜欢攀比，见别人的孩子学啥，也要让自已的孩子学，恨不得天下所有的知识都要孩子知晓，所有的技能、特长都要孩子掌握。这只会造成孩子看起来什么都会，却无一技之长。孩子可能对很多事都有兴趣，但往往很难能够专注于某事——未全身心地投入进去，永远只能在目标的外围徘徊，很难达到非常高的成就。

我国伟大的地质学家李四光也曾有过类似的笑话。据他的女儿回忆，有一天，时间已很晚了，李四光还没有回家。女儿来叫他回家吃饭，谁知他却一边专心地工作，一边亲切地说：“小姑娘，这么晚了还不回家，你妈妈不着急吗？”等到女儿再次喊“爸爸，妈妈让你回家吃晚饭了”时，他抬头，不由地笑了，小姑娘不是别人，正是他自己的宝贝女儿。

我们也都听说过，我国大数学家陈景润一边走路，一边想他的数学问题，不知不觉中和什么东西撞上了，他连声说对不起，却没听到对方反应，抬头一看，原来是棵大树。

为什么这些大科学家会发生这样的事呢？原因十分简单，因为他们一心想着自己热爱的科学上的问题，对他们所思考的科学问题反应清晰，对于这些问题之外的事情一点也没考虑，没有在意。这就是他们闹笑话的原因。

只有聚其精，会其神，孩子才能取得成功。而孩子能否集中精力则与父母的教育、教养的态度和方法分不开，正所谓成功孩子的背后总会站着伟大的父母。所以，要想提高孩子的学习成绩，培养和开发他们的智力，第一步就要注意培养和训练他们的注意力，养成专心致志的习惯。要不然，其他的训练只能是事倍功半，甚至徒劳而无功。

我们给父母们的建议是：

1. 培养孩子善于集中自己的注意力

这对任何一种劳动，尤其是脑力劳动具有非常大的意义。能做到注意力集中的儿童，不但完成作业比较快，而且完成得比较好，效率高。那些作业马虎、粗枝大叶的孩子主要是由于注意力不够集中，没能仔细地看准习题的要求和提供的条件。而且，善于集中注意力的孩子学习起来比较省劲，效果比较好，也因此有更多的时间来休息和娱乐。

2. 给孩子一个安静整洁的学习环境

孩子的书桌上除了文具和书籍外，不应摆放其他物品，以免分散他的注意力；抽屉、柜子最好上锁，免得他随时都可能打开，在没完成作业的情况下去清理抽屉；书桌前方除了张贴与学习有关的如地图、公式、拼音表格外，不应张贴其他吸引孩子注意力的东西。女孩的书桌上也不应置镜子，这会使她有时间顾影“自美”或“自怜”。更不能允许孩子一边看电视，一边做作业。

3. 要求孩子在规定的时间内完成作业

如果作业太多，可以分段完成。有的父母因为孩子的注意力不够集中而在旁边“站岗”，这不是长久而行之有效的办法，因为长期如此，会使孩子产生依赖心理。此外，孩子的注意力跟孩子情绪有很大关系，因此父母应该创造一个平和、安宁、温馨的学习环境。声音嘈杂的环境，杂乱无章的屋子，不正常的家庭生活，所有这一切都会严重地影响孩子的注意力。同时，父母应该了解，能否集中注意力也与孩子的年龄有关。研究表明，注意力稳定的时间分别为：5～10岁孩子是20分钟，10～12岁孩子是25分钟，12岁以上孩子是30分钟。所以，如果想让10岁的孩子60分钟坐在那里去专注地完成作业几乎是不可能的。

4. 让孩子在一定时间内专心做好一件事

常听有些父母说："我的孩子做事效率低，做作业动作慢，一边写一边玩。"父母要注意培养孩子在某一时间内做好一件事的能力。对于家庭作业父母要帮他们安排一下，做完一门功课可以允许休息一会儿，不要让孩子太疲劳。有些父母觉得孩子动作慢，不允许孩子休息，还唠叨个没完，使他们产生抵触心理，效果反而不好。

5. 对孩子讲话不要总是重复

有些父母对孩子不放心，一件事总要反复讲好几遍，这样孩子就习惯于一件事反复听好几遍。当老师只讲一遍时，他似乎没听见或没听清，这样漫不经心的听课常使得孩子不能很好地理解老师讲的内容，无法遵守老师的要求，自然也就谈不上取得好的学习效果。父母对孩子交代事情只讲一遍，是培养孩子注意力的一种方法。

6. 训练孩子善于"听"的能力

"听"是人们获得信息、丰富知识的重要来源。会听讲对学生来说是相当重要的，因为老师多半是以讲解的形式向学生传授知识。父母可以通过听来训练孩子的注意力，比如父母可以让孩子听音乐、听小说，鼓励孩子用自己的话来描述听到的内容，从而培养专心听讲的好习惯。

好习惯65. 孩子认真学习的好习惯

认真是一种态度，认真学习就是要一丝不苟。只有认真，才能够克服掉马虎的毛病。

李欣奕是一个17岁的高中女生。她甚至从来没有跨出过国门一步，但她却接二连三收到美国加州理工学院、宾夕法尼亚大学、哥伦比亚大学的录取通知，并授予她全额奖学金。她在学习英语方面认真的习惯，给我们非常多的启示。

欣奕的小学时光是在一所普通学校度过的。那所学校离她家特别近，透过欣奕家的窗户就可以看到教室的桌子。欣奕不用像同楼的其他孩子那样，早早起来赶去很远的重点小学上课。欣奕可以把美梦持续到7点半，踩着铃声去上学。

有一天，当欣奕刚在课桌前坐稳，老师很严肃地捧着一叠卷子踱入教室。没听说今天要考试。卷子发下来，原来是一份调查问卷。那是欣奕平生第一次填调查问卷，她感觉自己的笔特别沉重。问卷中有一个问题是：你想不想出国，为什么？

在此之前，欣奕没有认真考虑过这个问题，是这张卷子引发了欣奕的思考，它给她某种启示。欣奕最终选择了出国。她的理由是学习先进国家的科学技术，为祖国服务。

当时，在全班三十多个同学中只有两个选择出国。一个是欣奕，另一个是在业余体校的女孩，她想出国参加比赛，为国争光。

放学回家，欣奕向妈妈说了自己的选择。妈妈非常高兴，夸欣奕和那女孩有志气，鼓励欣奕将来出国念最好的大学。从此，出国念大学成了欣奕最好的梦想。欣奕并不羞于向别人透露自己的梦想，亲友听了往往一笑，就像听说一个小孩长大要当科学家一样。其实对于欣奕而言，这也不过只是一个遥远而美好的愿望，但是美好的梦想产生的地方就是梦想开始萌芽的地方。

欣奕的妈妈认识到学习外语的重要性和紧迫性，她觉得学习外语一定要早早起步，像真正地掌握一门语言一样去学习，只有这样，才能显示兴趣特别重要的性质。学习外语也不能学成光会读不会说的“哑巴”英语。欣奕是如此学习外语的：她开始学习外语的时间比一般人要早，而且注重应用与消化吸收，而不是一味地盯着生硬的语法。

小学毕业了，欣奕如期收到了市重点中学人大附中的录取通知书。随之而来的是一个漫长而没有作业的暑假。欣奕和妈妈不谋而合，想到了学英语。妈妈在中关村一小的海淀外语学校为她报了《新概念英语》第一册的学习班。选择这个班实属偶然。欣奕曾经多次在中关村参加竞赛，细心的妈妈在接欣奕时发现了这个班，她了解到他们的辅导内容对欣奕非常适合，于是就要了一份相关的介绍，后来她就为欣奕选择了这个外语学习班。

欣奕第一次参加社会上的外语班，兴奋而好奇。班里学生年龄最长的已有23岁了，最小的只有10岁。老师是个白皙文雅的大女孩，在北大任教。她对这些水平参差不齐的学生并没有统一的要求。她在课上带领大家朗读课文，然后讲解课文的内容，并没有更多地涉及语法的问题。有时候她高兴了，还会给大家讲一些有关外国和外国人的故事，特别生动有趣。

她开始讲课进度比较慢，有几个同学就向老师提议说讲得太慢了，她也就立即接受意见加快了进度。老师并不把这些学生当外人，连她自己的事情，准备考研究生的计划也告诉他们。她还带同学们去家中看原版的动画片，片中的英语对白欣奕基本上听不懂，但是那精彩的画面吸引了欣奕，使欣奕学英语的愿望更加强烈了。

欣奕上午去辅导班上课，下午在家自己听课文磁带复习，她的单词量迅速加大，简单的阅读和对话也可以对付了。欣奕没有强迫自己去理解烦琐枯燥的语法和时态，而是举一反三，只管怎么说，不管为什么这样说，像幼儿初次学母语一样，在以后的学习中欣奕始终保持这种方法。回想起来，那本《新概念英语》，真是十分经典实用的教材，它奠定了欣奕的外语的根基。

当这个轻松愉快的英语班结束时，有同学建议庆祝一下。老师慷慨地捐资20元，同学们也都是纷纷尽力而为。各自出了几块钱。大家在教室里庆祝了一番，开了一个英语晚会，给大家留下了美好而深刻的回忆。

欣奕在这个班最大的收获，就是她开始喜欢学英语了。趁热打铁，欣奕又报名参加了北京大学外语系举办的《新概念英语》第二期周日班，继续学习巩固英语。

酷暑天，北大的教室里满满坐了200人，其中有北大的学生，也有外校的学子，还有一些看上去年龄非常大的人。欣奕真正感受到了大家对英语的热情。

四级班课程分语法、听力、阅读三部分进行，分别由三个老师讲授，讲阅读的同时兼讲一些写作。老师有时当堂测试，欣奕做完题偷眼看看旁边，发现自己的准确率甚至比他们还高一点，这顿时给她增加了不少信心。

不料，欣奕的雄心壮志却在顷刻间化为泡影。由于名额已满，在四级考试马上就要到来的时候竟然没有报上名。仿佛一盆冷水泼在火热的心上，泪水立刻从欣奕的眼眶涌了出来。英语老师安慰欣奕说："没关系，下次考六级。"

欣奕暗自发誓："六级也不考了，我要直接考托福。"

欣奕学习英语的窍门概括起来为四个字：认真、灵活。

认真这个词在同学们眼里已经成了陈词滥调。欣奕感到，认真是一种精神境界，认真是一丝不苟、高度专注，是全身心的投入，当你到达这种境界的时刻，就看到了成功的曙光。

欣奕给自己制定了跳跃式的计划，不断订出更高的目标，暂时理解不透，没有关系，继续前进。知识，尤其是语言知识，是有连续性的，当你过一段时间，再回头看看前面不理解的地方，就会恍然大悟。

其实，熟练性、记忆性的学习不一定占用很多整块的时间，常常不断地利用零星时间持之以恒地学，效果更为显著，结合跳跃式的学习方法，使欣奕感到花的时间不多但学习效果很好。

从初三开始，欣奕用在英语上的时间不比别的同学多，只有每天英语课上的40分钟，英语作业也免去了。上高一后，欣奕利用英语课的时间做托福和GRE的题，效率很高。这与欣奕以前打下的良好基础是分不开的，单词量越多进步越快，学习起来越轻松，形成了良性循环。正是先苦后甜，苦尽甘来。

培养孩子认真学习的习惯，我们给父母们的建议是：

1. 培养孩子一丝不苟的精神

不要以为孩子还小，不需要严格要求，大了也不晚。养成了马马虎虎的坏习惯，再改起来就困难了。

2. 鼓励并耐心对待孩子的提问

孩子在学习中提出问题，说明孩子认真思考了，有主动求知的欲望，父母应该高兴才是。

3. 培养孩子灵敏与活跃的思维能力

随着孩子年龄的增长和能力的提高，对知识的学习也由靠吸取和累积变成了运用和创新。这就需要孩子认真思考。

好习惯66. 孩子刻苦钻研的好习惯

书山有路勤为径，学海无涯苦作舟。

一篇关于家教的文章对家长来说，会有极大的启发。文章指出：教育孩子时，培养和训练与灌输和说教完全是两回事。前者是让孩子在潜移默化中提高，后者却像“行政命令”一样生硬僵化，不会被孩子发自内心地接受。同时，文中给出了好的建议：培养孩子的刻苦钻研的习惯，可从让孩子参与简单有趣而又富有挑战性的游戏做起。

肖长河买来4盒积木，自己先用这数百块积木搭了一座15层的高楼，然后推倒让他的女儿再搭。他坐在跟前仔细观察，以表明他仍在参加游戏。“你能搭15层吗？”他用诱导的语气问女儿。他的女儿看到他的楼房很壮观，便来了精神：“怎么不能，兴许我搭得更高。”他不失时机地鼓励：“那好，我要看你的楼是不是更高。”他的女儿便聚精会神地开始“工作”，可是第一次她只搭到6层就倒了，第二次也只是到8层。第二天，她已能搭到10层。第五天她搭到了13层，可接下来的日子就停滞不前了。一次次失败，又一次次推倒重来，超过爸爸的信念鼓舞着她不懈地努力。

有一天，肖长河问她：“超过我没有？”她歪着头惋惜地说：“没有，可是我努力了呀！”肖长河赶紧趁热打铁：“你说得对，也做得对，虽然暂时还没有成功，可是你努力去做了，终有一天会成功的。你不甘心，说明你有毅力；搭积木你能做到这点，说明你做别的事也能这么做，包括你的学习。”如此这般，经过一段时间的毅力培养，他的女儿渐渐养成了做任何事都坚持不懈的好习惯，她的学习成绩也很快有了明显进步。

今天，大多数父母都懂得对孩子进行早期教育的重要。也正是因为如此，在生活中，许多父母想方设法、省吃俭用，为子女添置设备，让孩子去学钢琴、学书法、学舞蹈、学英语……比起出生在上世纪六七十年代的人而言，现在的孩子拥有更多的特长、更强的能力。也正是由于现在的父母对早期教育的重视，我国出现的神童、天才，无论从数量上、质量上都超过了以往的任何时候，常见于媒体的许多报道往往会使人们对这些神童、天才的能力感到吃惊。

然而，并不是所有的孩子都适合去做音乐家、演奏家、书法家、舞蹈家。许多孩子可能根本对音乐、对书法、对舞蹈就没有什么兴趣，父母的强迫反而造成孩子性格的扭曲，甚至引发了一些不该发生的悲剧。因此，音乐、书法虽然可以成就孩子的身前身后名，但并不适合所有孩子，父母们不可期望值过高。如果孩子对音乐兴趣索然，不怎么“知音”，就该允许孩子另有选择，切勿牛不吃草强按头。生活中有这样的例子：一对年轻夫妇勒紧裤腰带，四处筹款，为儿子购置钢琴后，便如监工一样督促孩子苦练，剥夺了孩子所有游戏时间。逐渐地，孩子视弹琴为无尽无休的苦役，有一天用刀剁下手指，作为对父母苦心的答复。另有一户人家，孩子虽未自伤，却利用一个机会，挥锤砸毁了钢琴键盘。

实际上，我们所看到的很多天才、神童，都是在某一方面有浓厚兴趣，并有这方面特长的人。当他们对某一问题产生强烈的兴趣后，就会集中精力钻研下去。

每位父母都要根据自己孩子的特点，发现孩子的兴趣，让孩子专心在某一领域开拓，刻苦钻研。我们给父母们的建议是：

1. 要让孩子尝到成功的滋味

孩子一旦对成绩灰心失望就会产生厌倦情绪，循序渐进才能使他们树起自信心。例如孩子的语文成绩好但数学差，就让他先做语文，后做数学；做数学的时候，首先让他做些简单的题目，增加信心后，才去做那些较难的。

2. 不要吝啬赞美之词

孩子学习有进步了就要给予赞美，这样能起到非常大的鼓励作用。不要过分批评他的错处，因为这样会影响他的情绪，而导致更大的错误。

3. 做功课时间不宜过长

在做功课期间要有充分的休息时间，让他舒展筋骨、放松一下精神状态。如果功课做得好，可以适当给他小小的奖励。

4. 给孩子一个属于自己的“小天地”

如果环境条件允许的话，空出一间房来做孩子的书房，让他根据自己的兴趣爱好精心设计自己的“小天地”。在不受干扰的环境里学习，他会更专心。

好习惯67．孩子虚心好问的好习惯

培养孩子谦虚的品格。不懂就问，不耻下问，只有如此才能把学习搞好。

司卫东生于1970年10月。1986年考入中国科技大学少年班，毕业后在著名超导专家、中国科学院院士赵忠贤处攻读博士学位。1997年6月赴美，现为美国宾州州立大学物理系博士后。

当卫东进入小学高年级时，爸爸观察卫东，发现他喜欢唱歌，喜欢听歌，可是哪一首歌他都唱不到头；他喜欢看足球比赛，可自己并不好动；一台收音机让他拆坏，不能还原；但是他喜欢看书，性格好静，因而爸爸认为他搞理科比较合适，于是爸爸便根据这个大的方向来激发他对科学的兴趣。

小卫东有强烈的好奇心，好奇就能够促使卫东产生兴趣。爸爸从这一点出发，注意在家教中引起卫东的好奇心，而每一次好奇心的诱发又都是以身边的科学为内容的。

坐火车时，爸爸问卫东："卫东，你看这车窗外的树为什么往后跑呢？""因为火车在往前开。"卫东回答。"那你再看看远处，远处的那些树木是往后跑还是往前跑呢？"啊，远处的树怎么会朝前跑呢？整个大地看上去好像在围绕一个看不见的轴在转动。"爸爸，这是怎么回事？"于是，爸爸给他讲解了一番，引发了卫东对运动现象的浓厚兴趣。

在教卫东学骑自行车时，爸爸问："我要把一个箱子从外屋推进里屋，这摩擦力是好是坏？”“不好，推起来费力。”卫东回答。“那自行车轮子跟地面的摩擦力是好是坏？”卫东回答不了了。爸爸就解释说：“自行车后轮和地面的摩擦力向后，那么它的反作用力就是向前，推动自行车往前，所以人在车上踩脚蹬子，就可以往前行驶。”“那这个摩擦力是好的了。”卫东说。“不全是好的，前轮跟地面的摩擦力又是不好的了。”

他们回到乡下，爬山钻溶洞看钟乳石的时候，爸爸就对他讲山、讲水、讲古迹；进城时，在公共汽车上，有位子他们也不坐，而总是站在最前面看司机怎么开车；洗衣服，爸爸也把卫东喊过来看看，再用手指在漩涡中心的空洞处试试，告诉卫东龙卷风形成的道理……

这样一次又一次利用卫东的好奇心，进行诱发。终于使卫东初步产生了对科学的兴趣。接下来的任务，就是“由浅入深”，把他产生的兴趣巩固下来。

培养孩子虚心好问的习惯，我们给父母们的建议是：

1．做功课遇到疑难问题时，不要让孩子依靠父母解决

最好是做一些提示、反问，鼓励他独立思考，放弃依赖心理，因为做功课是他的责任。

2．培养孩子谦虚的品格

不懂就问，不耻下问，只有这样才能把学习搞好。

3．要启发孩子自己解决问题

当孩子发现书上有不懂的问题，问为什么时，父母要耐心回答，还要称赞他能虚心好问。有的孩子学习上怕苦怕难，一遇到难点就问爸爸妈妈或爷爷奶奶怎么做。这时不能直接告诉他答案，要鼓励他自己动脑筋去想，要启发他，自己去解答问题。

好习惯68. 孩子学以致用的好习惯

学习的目的就是为了应用。学以致用，是学习的基本原则。

好的习惯一生受益，坏的习惯有害终生。父母不仅要培养孩子做一个热爱学习的人，善于学习的人，更要培养孩子学以致用的好习惯。

翻开马睿的个人档案，一长串骄人的简历跃然纸上。1989年，12岁的马睿考入耀华中学智力早期开发实验班。1993年，16岁的马睿被南开大学生命科学院微生物系录取。1997年，年仅20岁的马睿被中国协和医科大学、中国医学科学院生物化学专业录取，从事“信息传递基因表达调控”理论研究，攻读该专业的硕士学位……马睿这个三代单传的独苗苗终于长成了参天大树。

1977年，一个普通的男婴降生在天津市的一个普通的工人家庭里，父母希望他将来聪明，就给他起名叫马睿。对孩子早期智力和非智力因素的培养开发，将惠及孩子的一生。表扬、鼓励是对孩子的安慰，它会使孩子萌生自豪感，化作巨大的动力，从而更加努力地完成任务。马睿的父母始终注意从正面引导、保护孩子的这种原动力，多鼓励、少批评，不给孩子泼冷水。

为了提高马睿的解题能力，老师和父母想方设法地进行训练，引导他用不同的方法去解答同一道问题，把已知条件改成未知条件，从而增加了解题的难度和深度，提高了孩子的应变能力，开拓了思路，锻炼了技巧。后来马睿在小学数学竞赛中脱颖而出，参加了数学特长班的学习；在一次外语测试中取得了98分的好成绩，被挑选到实验小学参加英语特长班的学习。通过两个特长班的进一步训练，马睿的知识水平和自学能力又有了很大的提高，为完成小学阶段的学习打下了坚实的基础。

1989年经市教育局推荐，12岁的马睿报考了市重点中学天津耀华中学智力早期开发实验班。当马睿手持两个证书报名填表时，就引起老师的重视，他是当时唯一持有双证报名的学生。经过考试、面试、智商测试，终于从近千名报名者中脱颖而出，被耀华中学录取。除去父母以外，教师是孩子们受教育最直接者，有着不可替代的作用。实验班里的任课教师都是年富力强的教师，他们把学生当做自己的弟弟妹妹，中午时间和孩子们一起吃饭，课余时间和孩子一起游戏。同学们有些话是不愿跟父母讲的，但是可以和实验班的老师讲；父母在与教师沟通的过程中了解了自己孩子的内心世界，配合学校一起有针对性地做好学生的教育工作。四年的实验班生活紧张而有乐趣，丰富多彩的学习生活，培养了孩子们的各种基本素质，锻炼了独立学习、独立思考、独立生活的能力。在老师和父母的鼓励下，马睿先后参加了班里组织的支农劳动、学军活动、爱国主义教育活动等等，在德、智、体、美、劳几方面都得到了较好的发展，为他日后的成功奠定了坚实的基础。

培养孩子学以致用，要养成孩子一放学回家就做作业的习惯。做作业时，父母不要陪着做。但孩子做作业时，父母不要看电视，不要大声讲话，要给孩子一个安静的学习环境。还要养成孩子做完作业后主动检查的习惯。父母可以在孩子检查后再检查，发现孩子有错再叫他检查订正。每天早上父母做饭时让孩子读15～30分钟的书。如果早上来不及，下午放学做好作业再读。要养成晚复习早预习的习惯。要养成孩子每日看课外书的习惯。要养成学了就用的习惯。父母要鼓励孩子读课外书，拓宽孩子的知识面，提高认识能力。学习了新的知识，一定要用，这样才能掌握得牢固。

父母在具体的操作上，不妨参考以下做法：

1. 抓作业

对此父母可以同孩子“约法三章”：放学回家，先做作业后出去玩；做完习题，必须检查，看看有无错误；对老师改出来的错题、错字、错句，必须认真订正。

2. 抓学习态度

要求要具体，比如，专心读书，按时完成作业，不粗心大意；对有兴趣的要学，对有困难的也要学；书写要工整、准确等。

3. 抓技能要求

比如，做习题、写字要又快又准确；写作文有格式、有内容、有语言，包括字数的要求；手工、图画要熟练等。

4. 抓能力要求

比如，复习、预习、念书、心算的能力；观察、记忆、思考的方法等。

好习惯69. 孩子与父母一起学习的好习惯

"近朱者赤，近墨者黑。"父母学习不辍，孩子势必受到潜移默化的影响。

朱云忠，33岁，香花小学音乐教师。当初中毕业时，为分担家庭困难，忍痛放弃大学梦进了中师。工作后他开始了漫长而艰苦的自学，这时，他已不再仅仅满足于一张曾经梦寐以求的大学文凭，而是为了活得更有神采，为了不断充实和提高自己！他参加声乐进修，为的是做个受学生欢迎和爱戴的好老师；他参加公共关系专科进修，是为了更好地挖掘自己的潜能，广告、文案、主持使自己生活得绚烂多姿，教养儿子，也是他学习的重要内容。

学习自己吃饭。儿子小时候曾因被小调羹戳伤过，因此吃饭用手拿，挑食厉害，动作拖拉，外婆满屋子追着他喂饭。朱云忠坚决让儿子使用勺子自己吃，严肃得像个警察，把在一旁看得心软的妈妈赶进房间。等儿子含泪吃完后，才笑笑拍拍他的肩膀："对，这才像个男子汉！来，拉拉钩，自己吃饭多能干！"

学习看书。动物、植物、日常用品、世界名著、安徒生童话，看得懂、看不懂的，儿子都爱看，当然看的同时还要父母为他讲解，朱云忠认为儿童早期的阅读父母指导是必要的，仿佛教会他使用开门的钥匙一样。

每晚给儿子讲故事，这是他们家雷打不动的习惯，宁可自己每天两小时的自学时间挪后，以至挤掉宝贵的睡眠时间。因为给儿子讲故事这个任务还真不简单，故事不能重复、不能遗漏，还要创编，由儿子命题，或者儿子开个头，爸爸口头作文，稍不留神便让儿子抓住把柄推倒重来。为此，他常常光顾少儿图书柜，与儿子一起研究“奥特曼”和“宇宙大战”，留意各种新式武器、车辆、玩具，晚上看新闻时，父子俩会饶有兴致地评论上好一会儿。越是与儿子讨论“十万个为什么”，越是要翻找大量教育学、心理学著作，而且时时将育子感悟记录下来。

家中添置了一台电脑，爸爸在上面打字、画画，妈妈可以查到许多资料，玩扑克牌，那么儿子呢？每每外出做客或参观回来，爸爸就让他把感受讲下来，输入电脑，一会儿就打印出一篇文章，配上儿子的插图，这样一张张积累起来就是儿子的大作了！

爸爸要声乐考试了，按键听音还得儿子帮忙，稍有走音，儿子的小耳朵就听出来了。“从儿子身上，我学到了很多，小孩的眼光、小孩的感觉真值得大人回味。无邪的童真、无畏的探险、奇妙的创造是我们大人应该对他们肃然起敬的，孩子，真是一本讲不完、读不透，需要我们不息探索的教科书。”

儿子的语言表达能力强，动手能力稍差一些，身体素质欠佳，所以下一步家庭教育的目标是“全民健身早锻炼，卫生包洁制”，让孩子每天跑步，喂小金鱼，打扫家里桌面，学习擦地板，在幼儿园里做好值日生工作，还要多看到同伴的进步，在集体中学会忍让和等待……

这是朱云忠家长的学习心得，“父子同学”这份生动的案例提供给我们的启示恐怕远不止于此。

我们给父母们的建议是：

1. 说到做到

父母必须参与孩子学校组织的活动。这样做会向他们表明你对他们的所作所为真的非常关心。你不必具有一项特长或是用许多业余时间帮孩子们做什么。多数老师欢迎家长陪伴孩子们郊游，与其他家长通通电话以及打印孩子的学期特别报告等。常常向老师询问他们需要什么帮助。

2．开诚布公地交流

找出时间与老师进行交流，同时询问、观察孩子正在学习什么，得到这些确实的信息是非常重要的。家长可以给老师打电话得知孩子在课上学习了些什么内容，并且留了什么作业。

3．帮助孩子做到有条理

帮孩子制订学习计划，并把所有的作业都标在日历上，如此，孩子就会提前做好。

4．全家共进晚餐

父母要花些时间和孩子在一起。研究表明，全家在一起用餐非常重要。一般来说那些全家一起用餐的孩子的识字能力较强。用餐时的谈话越生动明了，越有助于孩子对词汇的学习，词汇量大，阅读能力就强。

5．不要给孩子太多的压力

父母要为孩子创造一个无忧无虑的学习环境，不要给他们太多的压力。许多时候家长只看重分数。如果孩子是个全优生却不能告诉你他为获得这样的好成绩都做了些什么，那么这时父母还要对他的学习过程进行全面的了解。当孩子需要帮助的时候，父母可以给他们一些启示，让他们自己找出答案。与其直接告诉他们答案，不如问他："你认为在哪儿能找到答案呢？在字典上还是在因特网？"

6．对孩子持有较高的期望

一种鼓励孩子为他的未来着想的方法是设立家庭目标。家长写一份自己家本年度应取得哪些成就的任务书，其中包括孩子应取得怎样的进步。对孩子持有较高期望并让他们知道这一点，能鼓励他们对自己充满信心并不断进取。

好习惯70. 孩子乐观放松的好习惯

积极的情绪体验能够激发人体的潜能，使其保持旺盛的体力和精力，维护心理健康，轻松愉快地进行学习；消极的情绪体验只能使人意志消沉，有害身心健康从而导致厌学情绪。

乐观地面对人生，是我们常常挂在嘴边的一个话题。对于我们年轻的父母来说，保持乐观的情绪其理由是显而易见的。一般来说，对那些能够满足自己需要的事物或对象，会自然而然地产生一种满意、高兴、喜悦、爱慕的积极情绪体验；反之，就会产生痛苦、忧愁、厌恶、恐惧、憎恨的消极情绪体验。积极的情绪体验能够激发人体的潜能，使其保持旺盛的体力和精力，维护心理健康；消极的情绪体验只能使人意志消沉，有害身心健康。学会保持乐观、开朗的情绪，对孩子来说是非常重要的，也是十分必要的。

达尔文是世界著名的生物学家，是进化论学说的奠基人。他对子女的教育也给人们留下了难忘的一页。

达尔文出生于1809年，22岁毕业于剑桥大学。后以生物学家的身份乘海军勘探船贝格尔号作环球旅行，历时5年。在此期间，他饱览了各地的大好山河，收集了大量有关动植物和地质方面的资料，为他对生物学的研究奠定了良好的基础。

1842年达尔文到伦敦定居，开始了他的巨著《物种起源》的写作。时间对于这位科学家来说，是十分宝贵的。为了保证他的写作，他的妻子特意制定了一条家规，那就是在爸爸工作的时间，谁也不能去打扰爸爸。可是，他并未因此而忽视对孩子的教育和关心。每逢星期天，他都要非常乐观地陪同孩子们一起玩耍，做游戏。他们有时漫步在乡村小路上，边说边笑，有时来到伦敦的动物园，去观赏那里的珍奇动物。每天晚上，他总是兴致勃勃地为孩子们讲故事。每当他讲起他乘贝格尔号环球航行时的所见所闻时，他总是那样的兴奋。这些海外奇谈，使孩子听得十分入迷。

达尔文时刻关心孩子们的身体健康，并且注意父母的举止对孩子的影响。每当他与孩子在一起的时候，他总是那么乐观，从不对孩子发脾气。他说："脾气暴躁是人类较为卑劣的天性之一，人要发脾气就等于在人类的阶梯上倒退了一步。"他的三女儿曾说："父亲在他一生中，从没有对任何孩子说过一句生气的话，而我们也从没有不服从他的念头。"有一次，还未满4岁的儿子，想找父亲玩，他似乎忘记了母亲所订的规矩，在父亲的工作时间，敲响了书房的房门，怯生生地张开了小手，掌心上放了6个便士。他想用这种方法来让父亲同他一起出去玩球。正在工作的达尔文，抬头一看，原来是自己的小儿子。小家伙对爸爸说："走吧！上街去，我给你买糖吃。"望着孩子天真可爱的神情，他立即放下了手中的工作，毅然陪同孩子到花园一起做游戏。在回来的路上，他边走边说："这一次我陪你玩，以后在我工作的时候，可不能再来约我了啊。"小家伙点了点头。

培养孩子乐观放松的习惯，就是任何困难情况下都应站在孩子一边，给予积极的鼓励和支持，让孩子以更好的心态战胜一切。

培养孩子乐观放松的性格，我们给父母们的建议是：

1. 父母要做乐观的人

父母在培养、教育自己的孩子时，怎样以身作则，或者用其他方法来教育、引导自己的孩子能正确对待困难和挫折的心情，做到在任何情况下，都能保持自信，奋发有为，夺取事业和人生最终的成功。孩子的情绪受父母行为的直接影响，与孩子相处时，父母必须乐观一点。

2．教育孩子学会乐观地面对人生

除了多与孩子交流，培养孩子的自信心以外，还有一个很重要的方面，即首先父母要相信自己的孩子，给予鼓励和支持，更重要的是要帮助孩子进取，克服一些他现在克服不了的困难，只有如此，才能教会孩子以正确的态度和措施保持乐观。

3．克服消极心理

在努力营造乐观氛围的同时，父母还应注意自己教导孩子时的心理，注意一些消极心理现象对孩子的副作用。毕竟，父母是孩子的第一任老师，特别是当孩子在幼年和少年时期，父母的言谈举止对于孩子的成长都有着非常大的影响。父母的积极心理现象，可以促使孩子乐观积极，奋发向上；反之，父母的消极心理现象，也可能会给孩子以消极影响。

好习惯71．孩子在乐观的家庭气氛中学习的好习惯

生命不是可以孤立成长的个体。它一面成长，一面收集沿途繁花茂叶。它又似架灵敏的摄像机，沿途摄入所闻所见。每一分每一秒的日常小事，都是织造人格的纤维。

作家罗兰的一段话，精辟地说明了环境、家庭对一个人的影响，她说：形成一个孩子的人格与观念的，决不仅是书本上的知识或教师的言论，更是环境中的每一房舍，每一草木，每一方寸的风沙，每一个同伴，每一点滴的生活琐事和每一项课内或课外的活动。这些不但是他们日后回忆的资料，更是织就他们生命的色彩与素材。自然平易的环境形成开朗的人格，褊狭竞争的环境形成斤斤计较的性格。其重要性绝不是几册书、几行笔记、一些分数、一个名次或榜上虚荣所可比拟的。

假如孩子在适当的赞扬中生活，他学会自尊；假如生活中充满关怀，孩子心中自然会有爱；假如在平等中生活，他也就学会公道；不断得到鼓励，必然会建立自信；生活中缺乏爱，他也会冷漠；假如常常受到羞辱，他自然也就卑微；若总是得到不恰当的夸奖，必将陷入忘乎所以的自负；耳旁听到的总是埋怨，他也就学会了责怪；常受骗的孩子，也定会去骗人；常遭训斥殴打的孩子，也会对人粗暴；常受辱骂的孩子，难有文明语言。

父母表达感情的方式、反应，左右着家庭氛围的不同类型，可能是和谐友善的或对立独裁的，严厉古板的或自由放任的，井然有序的或杂乱无

章的，幽默风趣的或冷嘲热讽的，充满生气的或死气沉沉的，等等。每个家庭都有自己的氛围个性。正常、温馨、民主、和睦的家庭氛围，是孩子感情与心理健康发展的基础。做父母的热情、好客、乐于助人，常常保持心情开朗、愉快，可以感染子女及周围的人，使他们也觉得人生充满了和谐与光明。要知道，快乐与痛苦都是会传播的。

营造一个良好的家庭氛围，是父母的责任。在一个自由度比较大、比较民主的家庭里，父母不仅鼓励孩子敢于说话，勇于发表自己的看法，并鼓励孩子提问题，敢于争论，甚至向父母提出质疑和挑战，鼓励孩子对习以为常的做法，提出新的改进办法。这会大大增强孩子的自信，也有利于发展孩子的思维能力与社交能力。

家庭气氛应该是这样的：

1．平等

家庭是一个整体，家中发生的事情每个人都有知情权。中国的父母大都喜欢把爱埋在心里，喜欢含蓄，但是如果我们不说出来，我们又如何能让孩子理解和体会到呢？别把爱只埋在心里，把它放在嘴上。如果有工作上的快乐，建议父母以通俗的方式讲给孩子听，不要认为孩子太小，他理解不了，或是不想让孩子知道，而怕他伤心。那样做，孩子始终会觉得自己游离于家庭之外，家里的事都不知道，他会有一种孤独感。家庭成员之间是真正的平等的关系，每个人之间不因年龄的大小、不因地位的高低，作为一个人互相尊重，每个人都有发表意见的权利。

2．理智

父母要学会控制自己的情绪，碰到让自己感到不愉快的事情，要克制自己的冲动，不要任其发泄。如果实在不能保持常态，可以对家人说一声“希望自己能够单独待一会儿”，待自己能够冷静地表达自己遇到的问题的时候，再来解决这个问题。

3．开放

家庭成员之间可以很开放地谈自己的想法，父母尤其要鼓励孩子发表自己的意见，说错了也没有关系。只有如此，家庭成员之间才不至于积下一些不可调和的矛盾，当一个人遇到问题的时候，其他的人才能够很好地理解他，真正达到一种默契，成为心心相印的一家人。

徐悲鸿是我国著名的美术大师，特别以画奔马而驰名中外。可他的成长却离不开他父亲的苦心培养与正确引导。很少有人知道，徐悲鸿也有过画虎像狗的时候。

徐悲鸿的父亲叫徐达章，是一个自幼喜欢画画，刻苦自学成才的一位乡村穷画师。他的书法、绘画、篆刻、诗文在江苏宜兴一带颇有名气。这位画家，家里虽穷，才华出众，却不羡慕荣华富贵。他在一方印章中镌刻的“闲来写副丹青卖，不用人间造孽钱”，就是对自己为人处世的概括。这种思想和品德，给了幼小的悲鸿以深刻的影响，在最困难的时期，他依然傲骨挺立，乐观豁达地对待生活。

徐悲鸿6岁时，跟父亲读书。一天，读到书中庄子刺虎的故事，便萌发出画一幅百兽之王图的念头。可惜他所住的地方，无法见到真正的老虎。这天，他找人画了一只虎，便悄悄地描绘了下来，拿去给父亲看。徐达章见到后，就问这是什么？徐悲鸿高声地回答说：“老虎。”徐达章大笑起来说：“这哪是一只老虎，倒像是一只狗。”徐悲鸿真不知说什么是好，差点哭了出来。徐达章见儿子难过的样子，便安慰道：“你要想学画画，成为一个画家，首先要有渊博的知识，养成勤奋读书的习惯。画画是要用眼睛观察实物的，你没有见过真的老虎，怎么能画出老虎来呢？”徐达章的这番教导，使小悲鸿明白了画画的道理。

徐达章的教育方式，可能是我们现在的父母最常用的方式，即对孩子指出方向，指明途径，让孩子按此去做，肯定不会有什么失误的。但这种方法也使孩子的情绪受到些许影响，它忽视了孩子的心理，可以用先鼓励再修改的方式，使孩子从心理上能接受，不至于“差点儿哭出来”。当然，给孩子以具体的方法指导在有些时候还是必需的，这有助于孩子少走弯路，更好地保持乐观情绪。

具体在行动上，有几个建议，父母不妨与孩子一起来试试看：

1. 尽量忘掉不愉快的事情，消除烦恼

教育子女尽量正确对待所遇到的挫折、所受到的不公正待遇和委屈，教育他们像老一辈无产阶级革命家及历史上的一些著名人物那样，以微笑面对人生。

2. 随时保持思想的愉快，永远以微笑面对生活

多想一想个人奋斗的目标，多树立一些远大的理想和追求，相比之下，就会觉得眼前的困难和挫折是算不了什么的，力争永远保持乐观。

3. 唤醒愉快的记忆，养成快乐的习惯

多帮助孩子回忆一些快乐的时光，冲淡眼前的不快，恢复平时乐观的心情。

4. 学会倾吐和交流，保持快乐的心境

要学会坦诚地接纳自己，高矮胖瘦都是上天的赐予，要坦率地面对现实，采用认真的态度和切实的方法。最后要勇敢地原谅自己的一些过失。

好习惯72. 孩子活泼开朗的好习惯

一个性格活泼开朗的孩子，总是对自己的能力充满信心，容易和周围的人友好相处，对新鲜的事物有着强烈的探索欲望。

父母注重培养孩子活泼开朗的性格，有利于孩子健康的成长。由于家家只有一个孩子，单元楼房的出现又隔绝了人与人之间、家庭之间的交往，父母一般也不放心孩子自己出门玩，孩子们与外界接触的时间更少了，现在不少孩子变得孤独、不合群。孩子的天性本应是活泼开朗，对于孤独的孩子，父母是可以帮助他们改变的。

王志纯1978年12月出生于一个知识分子家庭，爸爸王启坤是湖北化工研究所的副所长，妈妈张柳青是武汉一位知名作家，良好的家庭背景和父母活泼开朗的性格使小志纯在无忧无虑、快乐活泼的气氛中度过了欢乐的童年。

孩子出生的第二天，王启坤就从商店里买来各种彩色气球、小摇铃、一捏能发出声响的梅花鹿和大公鸡等，并把气球挂在蚊帐上，把小摇铃、梅花鹿、大公鸡等放在孩子的枕头边。几天后他们就有意识地让孩子观察彩色气球，训练她的视力；不时地摇动小摇铃，捏梅花鹿、大公鸡，训练她的听力。由于孩子出生时身体非常结实，小眼睛特别灵活，不到20天她就能把脸转向发出声音的地方，还能直盯着蚊帐顶上的彩色气球看个不停；当把她轻轻抱起来时，她竟能有意识地用小手去指气球了。

当时王启坤夫妇俩工资收入很低，生活比较清苦，但给孩子买书却毫不吝啬，宁肯吃咸菜过上十几天，也要花几十元甚至上百元给她买成套的《世界著名童话故事》、《世界著名神话故事》、《世界著名寓言故事》等书籍，还订了许多画刊。《孙敬修爷爷讲故事》中的那善良、聪明、拟人化的动物以及诚实、勇敢、乐于助人的孩子，成为她成长过程中学习的榜样；她5岁时开始写童话，7岁时发表的《小水滴和大铁钎》，深受小朋友的喜爱。5岁时王志纯在爸妈的指导下就开始啃“大部头”，《西游记》、《三国演义》、《水浒传》、《封神演义》、《中国通史故事》、《世界通史故事》、《凡尔纳选集》、《三剑客》、《十万个为什么》等，她反复读了多遍。正是由于她早期的阅读古典文学的魅力才使她能在知识的海洋里畅游，取得了令同龄孩子羡慕的成绩。

王志纯虽然进入了哈佛大学，但她并非是人们想象的那种埋头苦读的“书呆子”，实际上她是十分爱玩的，至今仍然如此。集邮、下棋、画画、欣赏音乐等等，她的爱好十分广泛，有时甚至达到着迷的程度。对她的这些爱好，张柳青从来不限制，只是在必要时给予适当调控。

培养孩子活泼开朗的性格，我们给父母们的建议是：

1. 创造和睦友爱的家庭气氛

父母常向孩子表达自己的爱和关心，可以缓解孩子对人的冷漠；父母多与孩子一起游戏娱乐，每天多留一点时间给孩子，与孩子交流感情。在和父母一起游戏娱乐中，孩子能学到一些与人交往的知识和技巧，特别是能体验到对他人的关心和爱护。这样，他们在与同伴交往时，会更轻松，也增强了与他人交往的信心。

2. 鼓励孩子与同学同伴交往，是改变孩子孤僻性格的重要途径

父母要为孩子创造与同龄人交往的机会，如带孩子一起到邻居家串门，邀请孩子的朋友来家里做客，让孩子在适当的时候去同学家、邻居家玩等。带领孩子参加一些其感兴趣的活动，让孩子在与同伴的游戏、外出游玩中获得乐趣，对改变孩子孤僻的性格，培养活泼开朗的性格是大有好处的。

3. 多和孩子交谈

父母应多留心孩子的情绪变化，当孩子闷闷不乐时，无论多忙，也要挤出一点时间和孩子交谈，鼓励孩子表达心境。但父母切勿强迫、勉强，而是让孩子感觉到：自己不高兴，父母也很难过。他们愿意帮助自己，从而自觉自愿地说出缘由。父母应耐心地倾听孩子讲述，然后“对症下药”。实际上，很多悲伤一经讲出，很快也就消失了。

4. 转移孩子的注意力

有些孩子很固执，不肯轻易表达或者无法确切地表达自己的心境，这时，父母得想一种方法转移孩子的注意力。如拿出他平时最喜欢的玩具、图书，把他的小伙伴请到家中与其一起玩；或带孩子去动物园、郊外散步。这些新颖、强烈的刺激无疑会分散孩子的注意力，使其在获得新的乐趣的同时，自然忘掉过去的不愉快。

5. 允许孩子自由地表现伤悲

孩子的个性各不相同，因而悲伤时表达情感的方式也不尽相同，父母应该允许孩子自由表现他的伤悲。孩子在哭泣时，父母千万不能要求孩子憋住，甚至可以不要去劝阻，因为一个人尽情哭过以后，感情可重新恢复平衡。当孩子痛打“娃娃”或砸玩具时，父母的任务不是去指责，而是设法通过言语或行动引起孩子的情感共鸣。孩子得到父母的暗示，自然会停止“暴力”，如果孩子仍不愿与父母交谈，希望单独思考，那么父母也就不要在一旁唠唠叨叨。

第八章

创造辉煌的人生

——主动学习习惯的培养

好习惯73. 孩子主动主宰时间的好习惯

做任何事情都需要时间。能否在学习上事业上取得成功，主要取决于孩子是否会有效而合理地利用时间。

大多数人时间观念不强，而且根本谈不上有效地利用时间。对于孩子而言，如果不从小教会他们合理有效地利用时间，那么对他们今后的学习和事业都将产生不利的影响。父母应如何教孩子有效地利用时间呢？下面是专家总结出来的有效地利用时间的7项关键性原则。

1. 信息原则

教孩子从小学会利用信息，因为没有必要的信息就不能在有限的时间内做出恰当的决定。

2. 目标原则

确定目标非常重要，没有目标，孩子便不知该朝哪个方向努力。只有制订了目标，孩子才能知道，这个星期要读哪些书，掌握哪些知识，这个学期要达到班级前几名，并把时间合理地分配到这些学习中去。

3. 行动原则

任何目标的实现都离不开坚持不懈的具体行动。要求孩子把时间具体分配到行动中去，并且立刻开始行动。

4. 集中原则

在必要的时候，要学会集中利用时间，例如某门功课较弱，可利用假期集中一段时间专门来攻克它。

5．计划原则

教会孩子做什么事都预先订个计划，有了计划，才不至于分不清先后，或手忙脚乱，这样，学习或工作才能在预定的时间里顺利地完成。

6．守时原则

从小教孩子养成守时的习惯，不论是自己的生活、学习，还是与他人约会，如果你自己不遵守时间，也不要指望别人会遵守时间。

7．简单化原则

不论是生活还是学习，简单都比复杂要省时间。例如解数学题，如果简单的方法能解出来，就不要采用复杂的方法。又如冬天，如果穿一两件衣服就能御寒，就尽量不要穿那种要五六件才起同样作用的衣服。有多种方案可以选择时，最简单的往往也是最好的。

生命是由时间一点一滴构成的，而一个人的一生所拥有的时间总是非常有限的。因此有必要教孩子从小就有效地利用时间。

培养孩子的时间观念，并非让他成天读书写作业。而是要孩子养成有计划地合理地利用时间和科学安排时间，并拥有坚持不懈、持之以恒的精神和习惯。

好习惯74. 孩子认真写字的好习惯

孩子写的字中隐藏着孩子的个性特征和心理特点，写字可以锻炼孩子多方面的素质，家长指导孩子养成认真写字的习惯很重要。

著名教育家霍懋征女士曾经在国家教育部教材中心召开的“硬笔字模”鉴定会上说：“随着信息时代的来临，尽管电脑日益普及，但硬笔书写仍是日常生活中不可缺少的传递信息和知识的技能，写一手好字仍是一个优秀人才应具备的素质之一。这一基本技能在一个人的生活中、工作中、人际关系等各个领域都有着重要的作用，手写汉字所特有的艺术性、创造性也是任何机器都无法做到的。”

由此可见，培养孩子认真写字的习惯是十分有意义的。

1. 认真写字是孩子个性成长的展现

我们常说“字如其人”，字在一定程度上反映了一个人的个性特征。有的字写得刚强，有的字写得温柔，有的字写得潇洒，有的字写得飘逸。孩子在写字时，也展示和体现了自己的个性。

2. 认真写字激发孩子的非智力因素的塑造

书写能力的不断提高，可以使孩子对事情认真，讲究清洁，从内心要去追求一种比较完美的东西，它对这些非智力因素也有十分好的促进作用。在认真写字的过程中，当孩子感觉哪些字特别美，间架结构特别合理时，他就会有一种美感，从而陶冶了他的情操。

3．认真写字可以帮助孩子变得沉着

有的孩子写字十分潦草，看不清，其实这只是一个表面现象，而内在的东西，可能就显得他比较浮躁，不是很踏实，不是很用心做每件事。认真写字的习惯可以塑造孩子的性格，以及对事、对人、对生活的一种积极态度。

许多教育专家都研究过如何帮助孩子养成认真写字的习惯，阶梯式学习法专家程鸿勋老师曾提出过这样一些方法：

首先，父母要有书写意识，同时要有正确的观点，要关注孩子的书写姿势，让孩子养成一种正确的习惯，如果书写姿势不正确，他书写越多，对他的发展可能越有害，例如他的脊椎、视力方面等等。

其次，除了写字姿势、执笔的姿势外，要具备一些必要的书写知识、如字的基本构成、间架结构、占格的问题等。

再次，在教育中，书写应该作为一个专门的方面来进行研究。如果科学地指导孩子写字，孩子会提高得相当快，而且成效很大。

写字不仅表现了孩子对学习的态度，而且还可衡量一个孩子的意志、耐力及毅力品质。父母应首先端正孩子的态度，使其认识到写好字的重要性。

好习惯75. 孩子独立完成作业的好习惯

家庭作业的重点在于过程而不是结果。让孩子独立完成作业的过程中，不能只问对错，要重在培养孩子的自信和良好的习惯。

许多家长检查完孩子作业，发现错处之后，就立即指出，并说出答案让孩子改正。如果这样，孩子就只管做作业，而不问对错，反正有爸爸妈妈为我“把关”。长期下去，孩子也就失去了自我判断作业正误的能力，导致丧失学习自信心。孩子做完作业爱对答案，也会产生不良的后果。下面我们来看看一位聪明的母亲凯莉是如何做的。

凯莉常常检查孩子的作业，对于孩子做错的地方，她从不告诉孩子答案，而是要求孩子做完作业后自己检查订正。

一天深夜，凯莉结束工作后，像往常一样打开孩子的作业本，发现老师在一道题上打了个叉，写有“重做”两个字。凯莉向后看，这道题重做了。可重做的结果和原来一样，再检查运算过程，两次一样，是对的。为什么老师又打叉让他重做呢？找到课本一对，发现原来抄错题了。

当时天气很冷，可凯莉还是立即把孩子从被窝里叫了起来。但没有说题抄错了，只说让他检查。

孩子查了一遍，说：“没错。”

“没错？那老师怎么让你重做呢？”

孩子认真检查了重做的那道题，然后用奇怪而诧异的眼光看着凯莉：“没错嘛！”

“老师批错了？”凯莉平静地说：“好好再想想。”

孩子裹着棉衣两眼瞪着红叉叉，足足愣了20分钟，猛然想起什么，打开课本，才知道抄错题了，马上改正，凯莉表扬了他。

这不是简单的对抄错题的改正，而是对孩子独立思考、培养自我判断能力、提高自信心的一次锻炼。

从长远来看，家长帮助孩子完成了家庭作业，对孩子没有什么帮助。大量事实表明，即使孩子单独做的作业不是非常好，得分也不高，但孩子的研究能力却得到了培养和锻炼。

老师之所以让孩子做家庭作业是为了让孩子的技能得到发展，如收集、归纳和自我管理等等。家长如果从旁给予指导和时间把握，孩子就会在发展这些技能中受益。家长应该给予的是从旁指导，而不是亲自登台，越俎代庖。家长应当为孩子营造学习环境，帮助孩子制订计划，安排时间。当孩子逐渐长大的时候，家长就应该逐步“隐退”。

把孩子完成家庭作业看成培养自尊心和独立性的良机。这个过程需要很长的时间，家长要有耐心，引导孩子养成独立完成家庭作业的良好习惯。

好习惯76. 孩子主动认真做笔记的好习惯

做笔记是一种十分有效的学习方法和记忆方法，养成记笔记的习惯对孩子的学习益处良多。其实记笔记十分简单，只要告诉孩子，按照一定的要求做就行了。

凡是学习拔尖的孩子，一般都是一个有心人，不管是在学习上还是生活上。

而做一个有心人，其中最为明显的一个特点，就是能随手做一些笔记——只要是能略略掀动心扉的细节，不管观察到什么，还是读到什么，或者是想到什么，哪怕是一句话，一个字，都随手记载在一个精心准备的小本子上。

文艺复兴时期的大画家达·芬奇就习惯于在自己随身带的一个小本子上，记录一些数字、图形、文字甚至自己不可思议的想象，这些都是他伟大梦想的一个细节，他的成就就是由这些细节构成的。

英国著名政治家、作家丘吉尔即使打仗的时候，也注意随手记载一些自己感兴趣的东西。正是这种随手笔记的良好习惯，使他不仅成为一个伟大的政治家，而且使他成为一个著名的作家，他的巨著《第二次世界大战史》就是这样写成的。

一位教育专家深有体会地说："记得从小学三年级开始，我就养成了记笔记的习惯，到现在为止，这些笔记本已经有一个人那么高了。当对某一个问题陷进思维的困境时候，我就会找出那些在我看来几乎和生命一样重要的‘灵感资源库’，随便翻翻通常就可以豁然开朗。”

培养孩子养成认真做笔记的习惯，应注意以下几点：

1．在适当分类的情况下，不必界定应该记什么内容，只要记了就可以

适当分类应结合个人爱好进行，例如文学、艺术、数学、外语等，记录的内容不必限制，只要能让孩子若有所思的，都可以是记录的内容。

2．记录的方式不必限制

可以是文字，也可以是自己按照想象画的草图，也可以是数字，更可以是按照自己的喜好随便涂画。特别是对于年龄小一些的孩子，更是应当鼓励他创造自己喜欢的方式记录，父母不必担心他们会浪费本子。

3．为了使孩子主动、热情甚至酷爱去做这件事情，并成为孩子的习惯，父母可以与孩子共同设计本子的样式

例如每一本都可以有一个正规的“书名”，如《若有所思——曹维心灵笔记》、《心灵的空间——梁邦达数学感悟文集》、《爱的故事——孙笑笑语文小故事集》等等，发挥孩子的想象力，编出一个好的名字来，这样可以让孩子爱上一件几乎是“创作”的事情。

求知需要积累，积累需要方法。“好记性不如烂笔头”，做笔记无疑是快速积累知识的不二法则。

好习惯77. 孩子主动提问的好习惯

善问的孩子才善于思考，但是有很多孩子都不爱提问。作为家长，首先要做的是帮助孩子认识到自己不爱提问的原因，有的放矢，对症下药，帮助孩子养成勤学善问的良好习惯。

每个孩子提问都是因为自己不懂才问，学习本身是一个人不懂到懂的过程，只有把自己不懂的问题提出来之后，才能得到老师的帮助。

有的家长认为只要学习好就行了，会不会提问没有什么关系。其实，这种观点是错误的，学问，学问，要学也要问。很多东西问明白了才能有所长进，有的问题自己苦思冥想不得其解，可有时经别人轻轻地一点拨往往就豁然开朗了。所以，要培养孩子善于提问的好习惯。

孩子们从提出问题到解决问题的过程，充分调动了孩子的积极性，能使其更好地掌握知识，开动脑筋。有的孩子不善于提问是因为学习没有系统性，没有打好基础，跟不上班级教学的进度。他们可能什么都不懂，不知从何问起，理不出头绪，想提问，又不知道问什么。还有些孩子是因为不求甚解，不爱动脑筋，心想这些问题反正别的同学都会问到，只要注意听就行了，懒得提问。还有的同学因为胆小，不敢在老师和同学们面前表达自己的思想，生怕自己提出的问题被老师和同学笑话，怕别人都懂就自己不明白，让别人觉得自己很笨。

作为家长，首先要做的是帮助孩子认识到自己不爱提问的原因，有的放矢，对症下药。对不敢问、懒得问的孩子，父母应该给他们讲清楚善于提问对学习的好处，可以给孩子买一些名人传记，孩子会从这些书中发现，大凡学术上有成就的人都是在“问”上做出文章来的，如居里夫人、华罗庚、达尔文等。让孩子从思想上真正认识到只有敢问、善问，才能搞好学习，才能做成学问的道理。对于那些因为没打好基础，不会提问的孩子，家长可以帮助和鼓励他们从补习功课开始，学好基础知识，跟上班级教学的进度，鼓励孩子向班上善于提问的同学学习，解除思想顾虑，克服虚荣心，耐心地告诉孩子不懂就问是好学的表现，只有把自己不懂的问题提出来之后，才能得到老师的帮助，从而真正掌握知识。对那些想问但又不知如何问的孩子，家长应提醒他们注意掌握学习方法，善于发现问题。如上课前做好预习工作，在不懂的地方做上记号，或者事先把不懂的问题写在纸上，在老师讲解的时候学会做笔记，勤动脑筋，学会问“为什么”。经过思考和查找资料都不能解决的问题，自以为找到了答案、但把握不大的问题以及那些对得出结果但过程不太明白的问题，都可以在课堂上向老师提出来。

提问应该产生在思考之后，不思就问或问后不思，就会滋长思维的惰性，对学习没好处。所以，家长应引导孩子思而后再问，问而后勤思。

好习惯78. 孩子主动多读书报的好习惯

对当今的孩子而言，电视、书报这两种媒体都不失为他们课外获取知识和培养乐趣的好渠道。教育专家告诫家长，让孩子多读书报的益处多于看电视。

有些孩子一到家，丢下书包就打开电视，把学习、读书报抛在脑后。有的家长对此根本不加限制，或者是限制不了，只好顺其自然。这显然不是一种好现象。

我们并不否认，电视节目以其图像、声音的直观可感性，节目内容的形象生动性以及较强的娱乐性等优势为中小学生所喜爱，也应该鼓励、支持孩子看一些健康有益的、能开发智力、启迪思维、增长知识的电视节目。特别是许多电视台专门为儿童安排的节目，形式多样，内容丰富，很适合儿童口味。在不影响孩子做功课和休息的前提下，针对孩子的年龄特点，让他们选择合适的电视节目观看，对他们而言，可以开阔视野、增加知识、丰富课余生活。如果家长能和孩子一道观看，边看边讲解，效果会更好。

但是，无论怎么说，对孩子而言，看书读报的好处，显然要优于看电视。看一则故事，读一本名人传记，看一本科普画报，读一张知识小报……静心捧读，十分轻松、惬意，没有压力，也不必定任务，可以随心所欲，反正书报捏在手上，主动权完全在自己手里。遇上精彩的句子和段落，可以回头多欣赏咀嚼几遍；有心人，还可摘抄、剪辑，加以累积；需要时，便能信手拈来一用。如此自由灵活，何乐而不为？喜欢读书的孩子是不会多挤占宝贵时间看电视的。

看电视与读书不同的是，观众是被动接受者，屏幕上的一切，都是不可逆的。有时，对某部分或某句话非常有兴趣，可它转眼就过去了，想回头再重温一下已不可能了，因此得“专心致志”，目不可斜视、耳不可旁听、心不能旁骛。因此，久坐不动看电视痴迷的孩子，往往容易出现近视、失眠、懒动、反应迟钝等毛病。

阅读书报就不一样了，不用神经紧张地担心未读完的内容随时间溜走。读久了可闭目养神，也可以起身活动身体，以调节身心平衡，克服腻烦感。从这方面来说，读书报又远优于看电视。

有比较才有鉴别。明确了看电视与读书报的利与弊，为了孩子成才，家长应该正确引导他们处理好看电视与读书报的关系。

读报纸是开阔孩子视野的一条有利途径。但读报切切不可囫囵吞枣，一目十行。对于非常重要的知识，应让孩子剪贴下来，做好知识储备。

好习惯79．孩子主动聚精会神的好习惯

学习的最大“敌人”就是注意力涣散。只有聚其精，会其神，才能专心致志。家长必须千方百计培养孩子聚精会神的好习惯。

我那孩子平时性子挺急的，可一到写作业的时候就拖沓得不行。他坐在那儿一动不动的，好半天才写一个字。明明半小时或一小时能写完的作业，他常常要熬到深夜。他自己受累不说，我和他爸还得陪着他受罪……

我家孩子一写作业就犯糊涂，要是让她抄写50遍生字，再怎么纠正她都会出40遍错误。哪有这么粗心的女孩子？唉……

老师常常说他在课堂上注意力不集中，净开小差……

可见，孩子学习注意力不集中，的确让家长伤脑筋。可孩子明明挺聪明的，许多高难度的习题都能做出来，可就是不能集中心思在学习上。所以，大多数家长甚至感到很绝望，颇有些“恨铁不成钢”的意味。

如何才能纠正孩子学习时注意力分散的坏习惯呢？请参考如下建议：

1．家长陪孩子读书不可提倡

正如一位权威人士所说：“有的孩子学习拖拉是因为没有养成良好的学习习惯，更多的则是由于父母过分关注他们做作业，甚至包办代笔。”大多数儿童教育专家都不赞成家长陪孩子读书，因为家长总会情不自禁地督促孩子不要这样做，而要那样做。这些时断时续的语言刺激，更容易分散孩子的注意力。同时，也会让孩子对家长产生强烈的依赖性。

2．发现孩子注意力不集中的症候

有的孩子注意力不集中是因为患有“多动症”，这需要去看心理医生。注意力不集中有如下症候：常常无缘无故就烦躁不安，好像对什么都不太感兴趣。对任何一种东西都无法保持较长时间的专注。在课堂上，眼神游弋，自己都不知道自己在想些什么。

3．给孩子一个明确的完成作业的期限

例如可以这样对孩子说：你可以不用心，但你必须在8点钟之前完成作业，否则，周末就不能做什么等。培养孩子的时间紧迫感，慢慢地让孩子形成学习规律。有了明确的任务，孩子学习时就有了动力，才能保持紧张状态。当然，要求孩子学习时，时间不能太长，也不能要求孩子长时间做同一件事。这些都是导致孩子注意力不集中的因素。

4．给孩子适当的奖励

当孩子按时完成了作业，家长不但要从言语上加以表扬，还可以辅助一些别的奖励。同时，还可以为孩子设定一个假想的竞争对手，提醒他“每天晚上只需花一个小时完成作业，就还有时间看动画片”什么的。

5．训练孩子善于“听”的能力

“听”是人们获得信息、丰富知识的重要来源。会听讲对学生来说是相当重要的，因为老师多半是以讲解的形式向学生传授知识。父母可以通过听来训练孩子的注意力，例如父母可以让孩子听音乐、听小说，鼓励孩子用自己的话来描述听到的内容，从而培养专心听讲的好习惯，改掉注意力不集中的坏习惯。

孩子注意力易分散，家长必须下大力气予以彻底纠正，这是提高孩子学习成绩的根本要求。

好习惯80. 孩子主动形成生活好习惯

良好的生活习惯是孩子搞好学习的保证。孩子良好生活习惯的养成，自然需要家长的指导和帮助，需要自己付出一定的努力，但同改正不良习惯相比，还是容易得多。

常听一些家长谈起自己的孩子已经上小学高年级、甚至已经上初中了，还要家长帮助洗脸、洗脚、叠被子等。这除了说明孩子的自理能力差外，还说明家长的教育方法是欠妥当的。其实，从孩子两岁时就可以开始培养孩子的生活习惯。上小学时就应当要求他起床后把被子叠好，放学后把书包放好，饭前饭后要洗手，要按时睡觉、按时起床等等，从具体的小事培养孩子有条不紊、有始有终地做事情。孩子养成良好的生活习惯，会促使他们提高自主学习的效率，对他们自觉主动地学习产生良性的诱导。当然，培养孩子良好的生活习惯并不是轻而易举的事，家长要有耐心，要有“长期作战”的心理准备。

生活习惯养成了，学习习惯也会自然而然地培养起来。一般情况下，学习习惯不良的孩子，其日常生活也往往杂乱无章。如果只注重学习而忽视了生活习惯的培养，犹如一条腿走路是走不远的。只有把培养生活习惯和培养学习习惯双管齐下，才能明显见效。一旦形成了良好的生活习惯，不好的学习习惯也就很容易克服了。

培养孩子的良好生活习惯，家长要处处以身作则，因为成年人的一举一动，都会影响孩子。比如，你要求孩子每天起床叠被子，那你首先要每天及时把被子叠好；让孩子随时摆放好物品，你首先要有个有条不紊的习惯；要促进孩子养成良好的学习习惯，自己当然要率先勤奋学习。

行为习惯一旦形成，它就要支配人的行为过程，影响人的精神面貌，要想改变它是十分困难的。当然，不良习惯是可以改造的，但需要付出很大代价，要花费家长、教师巨大的精力。所以，应当及时发现和改正孩子的坏习惯。应当说，适时培养儿童良好行为习惯是一种投入少、效益大的教育策略，应大力提倡。

好习惯造就孩子的好人生。培养孩子养成良好的生活习惯要及早及时进行，对于孩子生活中的陋习要及早及时纠正。

好习惯81．孩子作息规律的好习惯

良好的睡眠习惯不仅可以使孩子身体健康得以保障，而且使孩子能够有充足的精力去积极主动地学习。

睡眠是人体恢复精力和体力的必须要件，是人的生命活动的一个有机组成部分。对于孩子而言，养成按时睡觉、早睡早起的习惯是十分重要的。

在现实生活中，应该说大多数家长都能够注意培养孩子按时睡觉的习惯。但不可忽视的是，也确实有不少孩子养成了熬夜的习惯。究其原因，有些孩子是因学校布置的家庭作业多，家长又要求孩子学琴、练书法、绘画、写日记、背诵等，致使孩子熬夜；有些是家长每天晚上带头看电视，子女也跟着看，直到看到“祝您晚安”；有些则是家长习惯睡前让孩子背一首诗、讲故事、背诵外语单词、要求孩子躺在床上对一天所学习的功课“过电影”，造成孩子大脑兴奋，不能按时入睡。所有这些使孩子熬夜的原因，都是不符合科学的要求的，对孩子的健康和成长都极为有害。做父母的必须记住，生长激素成长最盛的是11时至半夜，超过这个时间睡，对孩子健康必然会产生负面影响。

著名中医师李家雄根据医疗实践指出，常常晚睡的孩子常有过敏性鼻炎和气管不好的毛病。临床上还发现，熬夜工作的大人容易衰老，而孩子则有眼睛易疲倦、常脚酸、不爱走路且情绪不稳定的倾向。

为了成长中孩子的健康，一定注意培养孩子早睡的习惯。

早睡，可以使儿童的体力和精力得到恢复。那么，如何才能使孩子获得良好的睡眠效果呢?

（1）每晚9点左右就让孩子做好睡前准备工作，准时上床睡觉。如让孩子去阳台呼吸新鲜空气，深呼吸，刷牙洗脚，静坐一会儿使身心放松。

（2）要抑制刺激，如睡前不要看电视和电影，不看书籍，不要打骂训斥孩子，不要强迫孩子做不愿做的事等。

（3）每天坚持按时睡眠起床，坚持锻炼身体，做一些孩子力所能及的运动。

（4）入睡前不要让孩子吃夜宵，不要饮浓茶、咖啡、饮料和吃巧克力。晚饭不要吃得过饱，可以吃一些含有氨基酸的食物。

（5）要有一个舒适安静的环境，床铺要符合孩子的要求，不要亮着灯睡，可播放催眠曲，培养孩子按时上床、上床立刻入睡的良好习惯。

不会休息，就不会学习，家长应让孩子明白早睡早起的好处。应该给孩子创造平安、宁静、温馨和舒适的就寝环境。

好习惯82. 孩子主动远离不良生活的好习惯

不良生活习惯一经形成，如不及时加以纠正，重复出现一次便是一次强化，慢慢便会成为极难改变的恶习。这不仅会妨碍孩子的正常学习，还会损害孩子的身心健康。

儿童时代形成的不良习惯，如不及时纠正，到了成年再想去改变就非常难了。不良习惯会给人一生带来许多不利，不仅妨碍工作和生活，还会损害人的形象。孩子年龄尚小，可塑性大，是培养良好习惯的好时机，也是纠正不良习惯的好时机。

不良生活习惯对孩子成才的危害是十分严重的，这主要表现在三个方面：

1. 不良习惯使精力分散，学习受干扰

有着好吃懒做、滥用化妆品、看电视和玩电子游戏入迷等不良生活习惯的孩子，他们不可能有心思去做应该做的事情。因为他们没有心思学习，因此多数是学业上的落伍者。

2. 身体受损害，精神不振奋

儿童身体发育是有规律的，人体自有“生物节律”，可是有爱睡懒觉、挑食等不良习惯的孩子却根本不顾身体发育的需要，随心所欲。身体素质差、精神萎靡不振、烦恼和失望时时相伴，贪睡症、焦虑症等便随之而来。

3．生活能力脆弱，经不起风雨

人生道路是不平坦的，生活中并非都是歌声与微笑。那些存有无病呻吟、离群索居、任性固执、花钱如流水等毛病的孩子，小时候得不到克服各种困难的锻炼，将来脱离父母的监护后就会感到事事不如意，到处是麻烦，甚至失去生活的勇气和信心。

娇生惯养是孩子形成不良生活习惯的直接原因，所以家长必须注意改进家庭教育的方法。请参考如下建议：

1．帮助孩子深刻认识不良生活习惯的危害

一般地说，有不良生活习惯的孩子都没有正确的生活价值观，他们觉得生活就是享乐，怎样舒服、快活就怎样做。有的甚至自以为了不起，别人都是傻瓜，对于成年人的批评毫不在意。这种错误认识不改变，就不可能改正不良习惯。为此家长要注意用生动、具体的事例说明不良生活习惯的危害，真正打动孩子的心灵。

2．采取针对性的措施制止孩子的错误行为

不良生活习惯一旦形成，就会反复地出现。为此，家长应该采取一些具体的措施来帮助他们克服。如花钱无度的孩子要钱时，必须问清楚用途和数目，再决定给不给和给多少，过后还要追问孩子是如何花钱的，收回孩子剩余的钱。让有严重不良生活习惯的孩子到较艰苦的地方去锻炼，更换其居住、生活的条件，也能促使他改掉坏习惯。现在北京等大城市的不少家长，把孩子送到条件艰苦的县城求学，不能不说是一种明智之举。对有些孩子还可以用“激将法”。

巴西球王贝利童年时曾染上吸烟的恶习。有一次他正在抽烟，爸爸过来看见了，吓得他把烟头捂灭。然而，父亲却像老朋友似地对他说：“你踢球有点天分，要是吸烟损坏了身子，球就踢不好了，这事你自己决定吧！要是你还要抽，最好抽自己的，老讨别人的烟很丢人！”说着把仅有的几张钞票递给了他。小贝利感动极了，从此他在绿茵场上驰骋了几十年，再也没有吸过一根烟。

3. 通过制定家规来约束孩子的行为

儿童时期孩子的自我控制能力较弱，有的已经改正的坏习惯还可能再犯。为了巩固孩子纠正不良生活习惯所取得的成绩，促使其沿着正确的方向不断进步，可以制定一些家庭生活规范，使孩子的行为有所约束。家规的规定要发扬民主，由全家人讨论制定，对孩子既要有约束作用，又要符合实际情况，使孩子经过努力可以做到。家规制定出来以后，一定要严格执行，定期总结；还要在执行家规的同时，改善家庭的软环境，家庭成员之间要互相尊重、互相关心。

要纠正孩子的不良习惯，父母必须有明确的意识、科学的方法和足够的耐心。其中，增强孩子的自我控制能力才是解决问题的根本所在。